신기용 제10평론집

곰삭은 시 톺아 읽기와 솎아 읽기

신기용 지음

도서출판 이바구

저자의 말

곰삭은 시 톺아 읽기와 숡아 읽기란

  이번 문학평론집 표제에 부여한 의미가 가치 있든 없든 독자가 판단할 문제이다. 연구 목적으로 시와 책을 읽을 때, 처음에는 주제와 관련한 시를 샅샅이 찾아 읽으려고 여러 수단을 동원하여 톺아 읽기에 노력을 집중한다. 주제와 소주제가 손에 잡힐 듯 머릿속에 정리가 이루어지면, 듬성듬성 숡아 읽기를 진행하면서 소주제별 유사성 있는 시를 모아 엮는다. 때로는 먼저 숡아 읽기를 한 뒤, 톺아 읽기를 하기도 한다. 지극히 개인적인 시 읽기 요령일 수도 있지만, 보편적인 요령일 수도 있을 것이다.
  '곰삭은 시'란, 발표한 지 오래된 시. 즉, 이미 세상을 등진 시인들의 시를 비유한 말이다. '톺아 읽기'란, 시를 읽을 때 빈틈없이 샅샅이 찾아 읽는다는 의미이다. '숡아 읽기'란, 듬성듬성 찾아 읽는다는 의미이다. 개인적 의미 부여라 하더라도 보편적인 의미이기도 할 것이다.

톺아 읽기를 한 결과, 박두진 시인의 미발표 시 「부활」 친필 원고를 발굴하여 발표한 시 「부활」과 비교할 수 있었다. 박목월 시인의 발표 시 가운데 시집이나 전집에 미수록한 「동이 트는 순간을」이라는 목적시를 발굴할 수 있었다. 솎아 읽기를 한 결과, 유사한 신화, 설화, 종교, 역사가 녹아 흐르는 시를 찾아 모을 수 있었다. 특히 톺아 읽기와 솎아 읽기를 반복한 결과, 김소월의 시집 『진달래꽃』에 내재한 무속성(巫俗性), 서정주와 청록파 시인의 시와 산문에 내재한 '전설'을 비교할 수 있었다. 이를 이번 평론집에 녹여 넣어 소개한다.

  누구든지 톺아 읽기와 솎아 읽기를 적절하게 병행한다면, 시 읽기의 고수로 성장할 수 있을 것이라 믿는다.

2025년 봄, 신기용

차례

저자의 말 · 02
프롤로그 : 한국 문인 9할은 가짜 · 08

제1부 성찰과 희망의 시 읽기
1. 박두진의 시 「부활」 읽기 · 10
2. 자기반성과 성찰의 문학 · 19
3. 이해인의 새해 마음가짐 시 읽기 · 25

제2부 무속성(巫俗性) 시 읽기
1. 김소월의 환생 화소(還生話素) 시 읽기 · 32
2. 김소월의 무속성(巫俗性) 시 읽기 — 시적 화자를 중심으로 · 44
3. 서정주와 청록파 시인의 '전설' 읽기 · 64

제3부 신화적 상상력 읽기
1. 오세영의 연작시집 『무명연시(無明戀詩)』에 나타난
   신화적 상상력 읽기 · 86
2. 신동엽의 아사달과 아사녀 설화를 인유한 시 읽기 · 109
3. 김춘수의 처용 설화와 성경 인유 시 읽기 · 128
4. 신동문과 박두진의 신앙 고백 시 읽기 · 143

곰삭은 시 톺아 읽기와 솎아 읽기

제4부 4.19 혁명 목적시 읽기

1. 박두진의 역사의식 앞에서 1 · 162
2. 박두진의 역사의식 앞에서 2 · 166
3. 박목월의 역사의식 앞에서 1 · 170
4. 박목월의 역사의식 앞에서 2 · 175
5. 조지훈의 4.19 혁명 시 읽기 1 · 178
6. 조지훈의 4.19 혁명 시 읽기 2 · 183

제5부 노장사상과 상상력 읽기

1. 노자의 무치(無治) · 190
2. 장자(莊子)적 상상력으로 글을 쓰자 · 193
    ─ 무위자연(無爲自然)과 물아일체(物我一體)의 이상향
3. 장자의 물고기(鯤), 새(鵬) · 196
4. 장자의 소설(小說) · 199
5. 장자의 나무 이야기 · 201
6. 장자의 나비 꿈 · 204
7. 장자의 천명(天命) · 206
8. 장자의 손톱 · 208
9. 장자의 숲과 기러기 · 210
10. 장자의 밤나무 숲 · 212
11. 장자의 개구리와 바다 · 214
12. 장자의 해골 · 216

제6부 문인은 아무나 하나

1. 시인의 책무 · 220
2. 문학 정신을 회복 하자 1 — 산문정신 회복 · 223
3. 문학 정신을 회복 하자 2 — 시정신 회복 · 225
4. 문인을 아무나 하나 · 227
5. 상(賞)의 권위와 가치 · 229
6. 문학상과 상금을 받은 가짜 시인 · 232
7. 시인은 상상력을 불러일으키고, 안겨 주는 사람 · 234
8. 문예 창작에서 영감설은 퇴물 이론 · 236
9. 우리말을 옥죄는 시 · 238
10. 우리말의 목을 비트는 행위는 중단하자 · 240
11. 가짜 시인은 믿음도, 시도 짜가 - 가짜 목사와 사역자 · 243
12. 신앙 수필은 신앙 고백서 - 종교인도 가짜가 판치는 시대 · 246
13. 신앙 수필의 신념화 표현 · 249
14. 신앙 수필의 표현 기법 · 251

에필로그 : 시집의 용도 · 253

신기용 제10평론집

곰삭은 시 톺아 읽기와 솎아 읽기

신기용 지음

도서출판 **이바구**

프롤로그

한국 문인 9할은 가짜

문인끼리 "한국 문인 9할은 가짜다."라는 말을 자주 사용한다. 현재 문인 가운데 시인이 가장 많다. 시인의 9할은 가짜다. 실제 등단 문인의 9할은 문예 창작의 기초마저 모른다.

몇 년 전 경험한 사례를 소개한다. 여러 문인과 함께 시의 갈래를 토의한 적 있다. 등단한 지 20년이 넘은 시인이 "시의 갈래 가운데 '서경시(敍景詩)'라는 말을 처음 듣는다."라며 말했다. 놀라운 일이었다. 꽤 알려진 문예지로 등단한 시인이면서 문학 석사 학위를 받은 자였다. 한국 문단과 문학 전공자의 수준에 개탄할 지경이었다. 물론 한 사람의 개인적인 수준일 수 있다. 하지만 우리 주변에 창작 기초 이론마저 무장 해제 상태인 문인과 문학 석사가 흔함을 방증하는 사례이다.

문학 석사 학위 취득자가 "'서경시'라는 용어를 처음 듣는다."라는 말은 문예 기초 이론마저 무장 해제 상태임을 스스로 폭로하는 것이다. 중등 교육 과정부터 석사 학위 과정까지 공부를 제대로 하지 않았다는 말이기도 하다. 나아가 주먹구구식으로 창작한다는 말이기도 하다. 그 시인의 시를 접한 적이 있다. 대부분 시가 아닌 함량 미달의 자전적 글이었다. 그 시인은 매우 잘 쓴 시라며 거들먹거리기도 했다. 얼마 뒤 등단 문예지에서 주관하는 문학상을 받은 뒤 더 깊은 착각의 늪에 빠져 허우적거리기도 했다.

시인이여, 스스로 가짜인지 진짜인지 성찰해 보자! 만일 가짜라면 진짜 문인으로 거듭나려는 노력을 다하자. 진짜라면 늘 성찰하면서 가장 기초적인 용어 정도는 공부하자!

제1부

성찰과 희망의 시 읽기

1. 박두진의 시 「부활」 읽기
2. 자기반성과 성찰의 문학
3. 이해인의 새해 마음가짐 시 읽기

1.
박두진의 시 「부활」 읽기

1. 들어가기

 청록파 박두진 시인이 기독교 신앙 시에 천착한 점을 고려해 보면, 순수 서정시로 읽히는 시에도 기독교 사상이 내재해 있음을 알 수 있다. 박두진의 제4시집 『하얀 날개』(1967)에 수록 발표한 시 「부활」과 친필 원고로 남긴 미발표 시 「부활」을 함께 읽어 보고자 한다. 시어, 이미지, 메시지 등이 매우 흡사하다. 하지만 두 작품은 유사하면서도 각각의 텍스트임이 분명하다.
 미발표 친필 원고는 현재 필자가 소장 중이다. 보존 상태는 좋지 않다. 200자 원고지 세 장을 잇대어 액자 속에 보존 중이다. 원고지 선과 칸의 붉은색이 발하여 겨우 시를 식별할 수 있는 수준이다.
 그전에는 강단 시인 김창근(1942~2021, 1970 조선일보 신춘문예 시 당선) 교수가 별세하기 전까지 집필실에 소장하던 원고이다. 그 후 이 원고를 인수한 뒤 대학의 학보에 실었을 가능성을 추측했다. 김창근 교수가 28년간 근무한 동의대학교의 학보와 부산 여러 대학의 학보를 추적하였으나, 게재한 근거를 밝히지 못했다. 이쯤에서 박두진 시인의 미발표 시 「부활」을 세상 밖으로 소개하고자 한다.

이 글에서 '박두진의 시 「부활」 읽기'라는 제목 아래, '발표 시 「부활」 읽기'와 '미발표 시 「부활」 읽기'로 구분하여 읽어 본다.

2. 발표 시 「부활」 읽기

박두진의 발표 시 「부활」은 시집 『하얀 날개』(1967)에 수록한 「부활」이다. 널리 알려진 시이다. 표층적 의미만 읽어 보면, 청록파 시인으로서 자연을 읊조린 순수 서정시로 읽힌다. 아래와 같이 읽어 본다.

씨앗은 땅에 떨어져
흙에서 다시 솟아나고.

바람에 불리어 낙화한 꽃잎은
따스한 바람에 다시 꽃으로
피어난다.

니풀대는 히늘
보드라운 햇볕에 은총하는
잎새들의 속삭임.
신록의 어린 꿈이.

3월의 녹색 꿈이

열린다. 結氷(결빙)했던 혈맥
밀폐의 思想(사상), 否定(부정)과 昻奪(앙탈)의 심장을

뚫고 나와

아, 팔팔댄다. 깃발로. 조용히
그리고 격렬하게

안으로부터, 씨앗으로부터, 꽃으로
불타는 불꽃으로부터
솟쳐 나는
생명.

뜨거운 4월로 폭발한다.

— 박두진, 「부활」 전문

　인용 시는 8연 구성이다. 4연과 8연은 한 행만으로 연 구성을 했다. 이를 꼼꼼하게 읽어 보면, 기승전결이 2번 반복하는 연시처럼 읽히기도 한다. 이런 측면에서 읽으면, 4연과 8연은 결연 역할을 한다. 하지만 시인의 의도에 맞게 8연 시로 읽어 본다. 1연의 "씨앗은 땅에 떨어져 / 흙에서 다시 솟아나고,"는 식물의 씨앗이 땅에 떨어지면 흙에서 다시 싹을 틔우고 태어난다는 자연의 생명 탄생과 죽음, 죽음과 재생의 반복을 의미한다. 이는 시의 제목 '부활'과 같은 의미를 지닌 자연 순환의 의미이다. 2연의 "바람에 불리어 낙화한 꽃잎은 / 따스한 바람에 다시 꽃으로 / 피어난다."라는, 꽃잎이 꽃비로 내린 뒤 다시 바람에 흩날리어 피어난다며 생명 재생의 의미를 부여했다. 이는 주관적인 의미 부여이다. 씨앗이 아닌 꽃잎의 죽음에 재생이 있을 수 없다. 하지만 따스한 바람에 다시 생명을 얻는다는 아름다운 죽음을 의미한다. 이를 사람의 삶에 겹쳐 보면, 의미 있는 죽음, 영원히 기억할 죽음을 의미한다.

인용 시가 사계절의 순환과 함께 자연을 노래한 순수 서정시임에도 이를 1960년 사회 상황에 겹쳐 보면, 4연의 "3월의 녹색 꿈이"는 3.15 부정선거, 8연의 "뜨거운 4월로 폭발한다."라는 시행은 4.19 혁명과 겹쳐 읽힌다. 이는 5연의 "밀폐의 思想(사상), 否定(부정)과 昻奪(앙탈)의 심장을 / 뚫고 나와"와 6연의 "아, 팔팔댄다. 깃발로. 조용히 / 그리고 격렬하게"라는 시행이 이를 암시한다.

표층적인 의미만으로 해석하면, 순수 서정시이다. 심층적 내재의 의미로 읽어 보면, 생명파 시인처럼 자연의 생명 의식이 녹아 흐른다. 청록파 시인들도 자연 생명 의식을 시 속에 다루었음은 널리 알려진 사실이다. 한층 더 깊이 들어가면, 4.19 혁명의 시대정신이 녹아 흐른다. 밑바닥까지 더 깊이 들어가면 '부활'이라는 기독교 사상이 내재해 있다. 3연의 "나풀대는 하늘 / 보드라운 햇볕에 은총하는"이라는 시행이 이를 암시한다. 이는 박두진 시인의 돈독한 신앙심과 연결해 보면, '부활 신앙'에 맞닿아 있다.

3. 미발표 시 「부활」 읽기

박두진의 시집 『하얀 날개』(1967)에 수록 발표한 시 「부활」과 시어, 이미지, 메시지 등이 매우 흡사한 미발표 시 「부활」을 읽어 보고자 한다. 이는 친필 원고로 남아 있다.

땅에 떨어져
대지로 되돌아간 낙엽들이
꿈꾸는 흙 속의 잠,
완벽한 꿈의 잠,

이제사 그 흙 속에서 눈 뜨는
봄의 씨앗, 이제사
귀를 여는
뜨거운 봄의 씨앗

그 아프던 뼈의 상처
축축히 땅에 젖던
피의 기억은
날아가고,

아무렇지도 않게
다시금 청청하게 살랑이는 마파람,
그 햇살들의 그 빛의
눈부신 억만 축복.

이제사 멀리서 바다 일어서는 소리,
멀리서 달려오며
깃발 흔드는 소리,
온천지 두둥둥둥
북 울리는 소리.

— 박두진, 「부활」 전문

    인용 시는 5연 구성이다. 1연의 "땅에 떨어져 / 대지로 되돌아간 낙엽들이 / 꿈꾸는 흙 속의 잠, / 완벽한 꿈의 잠,"은 하강하는 낙엽이 대지에 회귀하여 소멸하는 이미지이다. 이를 더 자세히 말하면, 공기와 대지 이미지의 합일화이다.

2연의 "이제사 그 흙 속에서 눈 뜨는 / 봄의 씨앗, 이제사 / 귀를 여는 / 뜨거운 봄의 씨앗"은 탄생 혹은 재생하는 새싹을 눈과 귀의 이미지로 형상화한 것이다. '이제사(이제야)'라는 경북 방언을 두 번 반복한다. 이는 기다림에 지친 재생, 더딘 재생의 강조이다. 3연의 "그 아프던 뼈의 상처 / 축축히 땅에 젖던 / 피의 기억은 / 날아가고,"는 시대정신과 역사의식을 반영한 것이라 해석이 가능하다. 6.25 전쟁 상흔과 4.19 혁명의 상처를 말하면서 휘발해 버린 피비린내 기억을 말한다. 인간의 망각 현상, 역사의 망각 현상을 상기하게 한다. 4연의 "아무렇지도 않게 / (……) / 그 햇살들의 그 빛의 / 눈부신 억만 축복."은 밝고 맑은 날의 희망과 미래 지향의 역동적 생명력이 이어지는 축복을 의미한다.

결연에서 "이제사 멀리서 바다 일어서는 소리, / 멀리서 달려오며 / 깃발 흔드는 소리, / 온천지 두둥둥둥 / 북 울리는 소리."라는 공감각적 이미지로 묘사한다. 이는 역동적인 생명력, 역동적인 순환과 재생을 의미한다. 이를 제목인 '부활'과 기독교 신앙을 결부해 보면, '부활 신앙'을 기저에 깔아 놓은 것으로 읽히기도 한다.

미발표 인용 시는 자연의 생명력을 노래한 순수 서정시로 읽히기도 한다. 하지만 이를 시대정신, 사회 현상 등과 겹쳐 읽어 보면, 발표한 인용 시처럼 다층적 의미로 읽힌다.

이와 같이 두 편이 쌍둥이처럼 닮았다. 1연 1행의 "땅에 떨어져"라는 시어는 똑같은 통사 구조이다. 그 외 '씨앗, 꿈, 뜨거운, 깃발, 햇볕(햇살), 땅(흙, 대지) 등' 채택한 시어가 닮았다.

4. 나가기

앞에서 읽어 본 시 「부활」 두 편은 유사한 시어를 여럿 채택하여 서로 빼닮았다. 1연 1행의 "땅에 떨어져"라는 통사 구조는 똑같다. 이는 쌍둥이 시이다.

두 편 모두 박두진의 돈독한 신앙심과 연계하여 읽을 수도 있을 것이다. 시인들은 신앙 시를 창작할 때 종교적 '신념화'를 녹여 넣는다. '신념화'를 통해 시인의 신앙심의 의지와 확신을 고백하는 것이다.

기독교인은 하나님의 '천지 창조'와 '예수의 부활'을 믿는다. '창조 신앙'(창조론)과 '부활 신앙'이 핵심 교리이다. 이를 확신하는 종교적 신념 표현을 시에 녹여 넣기도 한다. 신앙 시에 기독교인만의 종교적 신념 표현은 당연하다. 특히 '부활 신앙'은 예수 그리스도가 인성(전인적 인간, 유기체적 인간)에서 신성으로 승천한 신약 믿음의 출발이다. 예수 그리스도의 부활은 가능하다. 인간에겐 부활이 있을 수 없다.

박두진 시인은 '부활 신앙'을 자연에 빗대어 읊조린 듯하다. 다층적 의미를 장치한 것도 분명하다. '부활'이라는 제목만으로도 기독교 신앙이 내재해 있음을 읽을 수 있다.

박두진 친필 원고

박두진 문학관 소장 친필 원고와 비교(동일 필체)

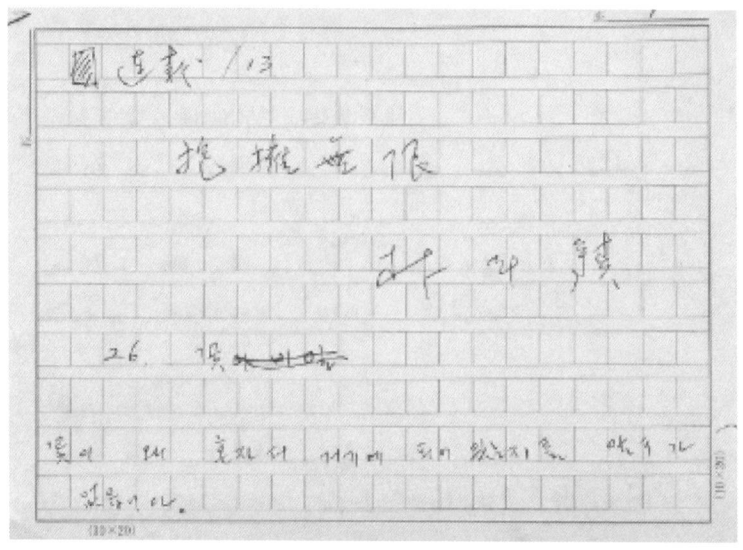

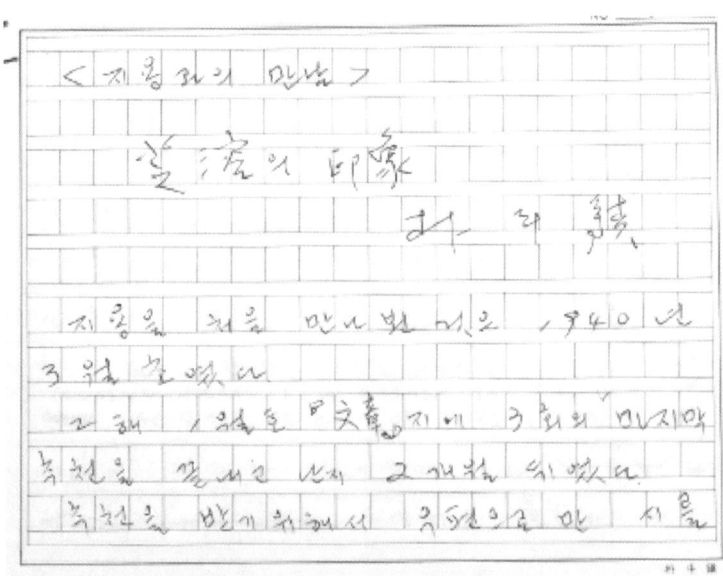

2.
자기반성과 성찰의 문학

  문학의 구실은 '자아 성찰', '자아 발견', '자아실현' 따위의 용어와 맞닿아 있다. 이를 자기반성과 성찰이라고 요약하여 말할 수 있다. 김춘수 시인을 비롯한 여러 문인은 문학의 궁극적인 목적을 '인간 구원'이라고 한다.
  문학의 구실이든 궁극적인 목적이든 '인간 구원'의 기능, 즉 종교적인 기능으로도 작동한다는 의미이다. 윤동주, 이상, 서정주 시인이 그려 낸 자화상에서도 자기반성과 성찰의 기능을 읽을 수 있다. 이들은 수면(水面)과 거울을 객관적 상관물 혹은 시적 모티프로 끌어들였다.

    산모퉁이를 돌아 논가 외딴 우물을 홀로 찾아가선
    가만히 들여다봅니다.

    우물 속에는 달이 밝고 구름이 흐르고 하늘이 펼치고
    파아란 바람이 불고 가을이 있습니다.

    그리고 한 사나이가 있습니다.
    어쩐지 그 사나이가 미워져 돌아갑니다.

돌아가다 생각하니 그 사나이가 가엾어집니다.
도로 가 들여다보니 사나이는 그대로 있습니다.

다시 그 사나이가 미워져 돌아갑니다.
돌아가다 생각하니 그 사나이가 그리워집니다.

우물 속에는 달이 밝고 구름이 흐르고 하늘이 펼치고
파아란 바람이 불고 가을이 있고
추억처럼 사나이가 있습니다.

— 윤동주, 「자화상」 전문

    인용 시는 6연으로 구성한 산문체 자유시이다. 즉, 산문시이다. 이미지는 우물 속의 자화상이다. 수면(水面)은 자기반성과 성찰의 매개체이다. 주제는 자기반성과 성찰이다. 즉, 과거의 자기 자신에 대한 반성과 연민이다. 1~2연에서 산모퉁이 외딴 논가에 있는 우물에 가서 들여다본다. 우물 속 밝은 달과 구름과 하늘이 있고, 파아란 바람이 분다. 3~5연에서 우물 속에 한 사내(화자의 그림자)가 있고, 그 사내가 미워져 돌아섰다가, 돌아가다 생각하니 가엾어 다시 돌아가 들여다본다. 다시 미워져 돌아가지만, 이내 그립다. 6연에서 2연의 자연적 상황(달과 구름과 하늘과 바람과 가을)이 펼쳐진 이미지 위에 추억처럼 한 사내가 있다. 우물은 과거의 추억 공간이면서 그리움의 정서가 스며 있는 공간이다.

거울속에는소리가없소
저렇게까지조용한세상은참없을것이오

거울속에도내게귀가있소

내말을못알아듣는딱한귀가두개나있소

거울속의나는왼손잡이오

내악수(握手)를받을줄모르는—악수를모르는왼손잡이요

거울때문에나는거울속의나를만져보지를못하는구료마는

거울이아니었던들내가어찌거울속의나를만나보기라도했겠소

나는지금(至今)거울을안가졌소마는거울속에는늘거울속의내가있소

잘은모르지만외로된사업(事業)에골몰할께요

거울속의나는참나와는반대(反對)요마는

또꽤닮았소

나는거울속의나를근심하고진찰(診察)할수없으니퍽섭섭하오

— 이상,「거울」전문

인용 시의 주제는 지식인의 분열된 자의식이다. 이에 힘징하여 읽을 수도 없다. 달리 여러 해석을 낳을 수도 있다. 이미지는 대칭 구조이다. 이상의 시와 소설은 대칭 구조가 주를 이룬다. 건축학도의 대칭 사고가 드러난다. 의미적 대칭(상승/하강, 상승/몰락), 도상적 대칭(지하/옥상), 시 구조의 대칭(수미상관법)을 동시에 읽을 수 있다. 이상의「거울」은 그의 대표작 가운데 한 편이다. 가장 완성도 높은 시이다. 희극적 아이러니 기법 때문이다. 거울의 속성은 마주볼 수는 있으나 소리가 없고, 악수도 할 수 없다. 1, 2연은 거울 세계의 청각에 대한 묘사이다. 2연에서 청각적 이미지 묘사를 더 강화한다. 3연은 거울 속 세계와의 단절 혹은 대립 강

화이다. 4연 1행 거울은 차단적 분리자 속성을 드러낸다. 2행은 거울의 연결자, 접촉 매개자의 속성을 드러낸다. 5연에서 거울이 없는 공간의 전이(반전)와 절대 존재자로서 거울을 묘사한다. 6연은 거울 때문에 두 자아가 합일할 수 없음을 말한다.

애비는 종이었다. 밤이 깊어도 오지 않았다.

파뿌리 같이 늙은 할머니와 대추꽃이 한 주 서 있을 뿐이었다.
어매는 달을 두고 풋살구가 꼭 하나만 먹고 싶다 하였으나……

흙으로 바람벽 한 호롱불 밑에
손톱이 까만 에미의 아들
갑오년이라든가 바다에 나가서는 돌아오지 않는다하는 외할아버지의 숱 많은 머리털과
그 크다란 눈이 나는 닮았다 한다.

스물 세 해 동안 나를 키운 건 팔할이 바람이다.
세상은 가도가도 부끄럽기만 하드라
어떤 이는 내 눈에서 죄인을 읽고 가고
어떤 이는 내 입에서 천치를 읽고 가나
나는 아무것도 뉘우치진 않을란다.

찬란히 티워 오는 어느 아침에도
이마 위에 얹힌 시(詩)의 이슬에는
몇 방울의 피가 언제나 섞여 있어
볕이거나 그늘이거나 혓바닥 늘어뜨린

병든 수캐마냥 헐떡거리며 나는 왔다.

— 서정주, 「자화상」 전문

인용 시를 발표 당시의 표기 그대로 읽어 본다. 제재는 자화상이다. 실제 서정주의 부친은 마름이었다. 종의 아들로서 가난 속 힘든 삶을 살아왔음을 진술한다. 주제는 과거 삶에 대한 성찰과 초극의 의지이다. 회고적 시점의 시이다. 서정주에 관한 평가는 생명주의(생명파) 창시자의 업적이 있다. 반면 친일 행위와 군사독재 찬양의 과오가 있다.

 이와 같은 자화상을 그려 낸 자기반성과 성찰의 시에 나타나는 공통점이 있다. 시적 화자는 자기 자신과 심미적 거리를 둔다. 그리고 생각한다. 거리를 두고 생각하는 일은 대자적이다. 스스로 즉자적 존재임을 거부하고, 대자적 존재임을 표현한다. 시적 화자(주체)와 타자라는 대자 존재를 말한다. 여기서 물이나 거울에 비친 얼굴은 타자이다. 타자란 나의 대타 존재이다.

 자기반성과 성찰의 시는 칼 융(C.G.Jung)이 제안한 개념인 그림자 원형으로도 해석할 수 있다. 그림자 원형이란 인간의 내부적 열등 기능이 개인의 삶에 개입한다는 의미이다. 인간은 타인에게서 자신의 그림자를 보는 성향이 있다. 타인에게 자신의 어두운 면을 투사한다. 이때 인간은 혼돈을 경험한다. 무의식의 다른 측면은 수많은 이미지로 나타나기도 한다. 시인은 자신의 어두운 측면을 더 깊이 탐색하려고 한다. 자신의 그림자와 심미적 거리를 두고 자아를 발견해 나간다.

 또한, 헤겔의 '즉자-대자적-존재'의 개념으로 해석할 수도 있다. 이런 심미적 거리는 자신을 객관화하고 성찰하게 하여 '대자적 존재'임을 깨닫게 한다. 이를 시인은 존재론적 성찰을 통해 실천적 삶을 지향한다.

 현대인들은 복잡한 사회 구조 속에서 다양한 인간관계를 맺고 살아간다. 자아도취에 빠져 사는 사람을 자주 접할 수 있다. 다양성 측면에서 충분히 이해할 수 있는 문제이다. 하지만 자아도취에 빠져 사는 사람들에게 자기반성과 성찰의 시를 읽고 깊은 사색의 시간을 갖기를 권한다.

  늘 자기반성과 성찰의 시간을 갖는다는 것은 인간다운 삶을 추구한다는 의미이기도 하다.

3.
이해인의 새해 마음가짐 시 읽기

『한국 세시풍속』에 "원일(元日)은 일년의 첫날이니 세수(歲首) 또는 연수(年首)라고도 하며 일반적으로 '설' 또는 '설날'이라고 한다. 연수(年首) 또는 세수(歲首)란, 일 년의 첫째 날이란 뜻이다. '설'이란, 한자로는 진일(鎭日)이라고 쓰는데 근신하여 경거망동을 삼간다는 뜻이다."(임동권, 『한국 세시풍속』, 서문당, 1973, 19쪽.)라는 점에 주목해 본다. 새해에 근신하며 경거망동을 자제하는 행위는 기원 혹은 기도이다.

이해인 시인의 시 세 편을 읽어 본다. 먼저 시집 『시간의 얼굴』(분도출판사, 1989)에 수록한 시 「새해 아침에」를 읽어 본다.

창문을 열고 / 밤새 내린 흰 눈을 바라볼 때의 / 그 순결한 설레임으로 // 사랑아, / 새해 아침에도 / 나는 제일 먼저 / 네가 보고 싶다 / 늘 함께 있으면서도 / 새로이 샘솟는 그리움으로 / 네가 보고 싶다 / 새해에도 너와 함께 / 긴 여행을 떠나고 / 가장 정직한 시를 쓰고 / 가장 뜨거운 기도를 바치겠다 // 내가 어둠이어도 / 빛으로 오는 사랑아, / 말은 필요 없어 / 내 손목을 잡고 가는 눈부신 사랑아, / 겨울에도 돋아나는 / 내 가슴속 푸른 잔디 위에 / 노란 민들레 한 송이로 / 네가 앉아 웃고 있다 / 날마다 나의 깊은 잠을 / 꿈으로 깨우는 아름다운 사랑아 / 세상에 너 없이는 / 희망도 없다 / 새해도 없다 // 내 영혼 나비처럼 / 네 안에서 접힐 때 / 나의 새해는 비로소 / 색동의 설빔을 차려입는다 / 내 묵은 날들의 슬픔도 / 새 연두 저고리에 / 자줏빛 끝동을 단다

— 이해인, 「새해 아침에」 전문

인용 시 「새해 아침에」의 결연에서 "나의 새해는 비로소 / 색동의 설빔을 차려입는다 / 내 묵은 날들의 슬픔도 / 새 연두 저고리에 / 자줏빛 끝동을 단다"라는 시행은 설빔에 관한 표현이다. 설빔이란, "설을 맞이하여 새로 장만하여 입거나 신는 옷, 신발 따위를 이르는 말."(《표준국어대사전》)이다.

설빔에 관해 『한국 세시풍속』에 "설날 아침 일찍 일어나서 세수하고 미리 마련해 놓은 새 옷을 입는데 이 새 옷을 '설빔'이라고 한다."라는 정의와 "아이들은 한 벌을 마련하여 색동옷으로 곱게 단장한다. 여러 색깔의 옷을 입기에 마치 꽃밭처럼 아름답다. 설빔으로 옷을 갈아입은 뒤에야 차례를 지낸다."(임동권, 앞의 책, 20쪽.)고 기술했다. 이는 어린아이의 색동옷에 담긴 희망에 찬 꿈과 새해 아침의 세시 풍속의 절차적 흐름을 기술한 것이다.

다음은 1987년 1월 강원일보에 발표한 뒤, 시집 『시간의 얼굴』에 수록한 시 「새해엔 산 같은 마음으로」를 읽어 본다. 대체로 긴 시라서 일부만 읽어 본다.

'새해 복 많이 받으세요' / 어디선가 흰 새 한 마리 날아와 / 새해 인사를 건넬 것만 같은 아침 / 찬란한 태양빛에 마음을 적시며 / 우리는 간절히 기도해야 하리 // 남을 나무라기 전에 / 자신의 잘못부터 살펴보고 / 이것 저것 불평

하기 전에 / 고마운 것부터 헤아려 보고 / 사랑에 대해 쉽게 말하기보다 / 실제로 사랑하는 사람이 되도록 / 날마다 새롭게 깨어 있어야 하리 / 그리하여 잃었던 신뢰를 되찾은 우리 / 삼백 예순 다섯 날 매일을 / 축제의 기쁨으로 꽃 피워야 하리 // 색동의 설빔을 차려입은 어린이처럼 / 티없이 순한 눈빛으로 / 이웃의 복을 빌어 주는 새해 아침 // 사랑하는 이의 얼굴을 대하듯 / 언제 보아도 새롭고 정다운 / 고향 산을 바라보며 맞이하는 또 한 번의 새해 // 새해엔 우리 모두 / 산 같은 마음으로 살아야 하리 / 언제나 서로를 마주 보며 / 변함없이 사랑하고 인내하는 / 또 하나의 산이 되어야 하리

— 이해인, 「새해엔 산 같은 마음으로」 일부

인용 시 「새해엔 산 같은 마음으로」는 앞의 인용 시 「새해 아침에」에 등장한 색동 설빔처럼 "색동의 설빔을 차려입은 어린이처럼"이라며 세시 풍속 설빔을 끌어들였다. 이에 더하여 "새해 복 많이 받으세요"라는 새해 인사, 즉 세배에 주목해 본다. 세배(歲拜)란, "섣달그믐이나 정초에 웃어른께 인사로 하는 절"(《표준국어대사전》)이다.

세배에 관해 『한국 세시풍속』에 "차례가 끝나면 일동은 자리를 정리해 앉는다. 이때 조부모, 부모, 백숙부모, 형제 등 차례로 절을 하고 새해 첫인사를 드리는 데 이를 세배라고 한다. 집안에서 세배가 끝나면 차례 지낸 세찬과 떡국으로 아침 식사를 마치고 일가친척과 이웃 어른을 찾아가서 세배를 드린다. 사당을 모신 집이 있으면 먼저 사당에 절을 한 다음 세배를 드린다. 세배를 받은 측에서는 어른에게 주식(酒食), 아이에게는 과자와 돈으로 대접하며 정담을 나누기도 한다. 일가 어른이 먼 곳에 살 적에는 수십 리 길을 찾아가서라도 세배를 드리는 것이 예의이며, 세배할 줄 모르면 교양 없는 사람으로 취급을 받는다. 먼 곳에는 정월 15일까지 찾아가서 세배하면 인사에 크게 어긋나지 않는다"(임동권, 앞의 책, 21-22쪽.).

세배와 덕담(德談)은 떼려야 뗄 수 없는 세시 풍속이다. 덕담이란, "남이 잘되기를 비는 말. 주로 새해에 많이 나누는 말"(《표준국어대사전》)이다. 세배 나눌 때 서로 건네는 인사말이다.

덕담에 관해『한국 세시풍속』에 "정초에 어른이나 친구를 만날 때 말로써 새해 인사를 교환하는데 이를 덕담이라고 한다. 이때 '과세 안녕하셨습니까?' 또는 '새해 복 많이 받으시길 바랍니다.'라고 하며 연소한 아이들에게는, '새해에는 복 많이 받게' 또는 '새해에는 소원 성취하게' 하는 등으로 처지와 환경에 알맞은 말을 한다. 덕담은 새해를 맞이하여 서로 복을 빌고 소원이 이루어지기를 바라는 뜻에서 축의(祝意)를 표시하는 것이다"(임동권, 앞의 책, 22쪽.).

늘 나에게 있는 / 새로운 마음이지만 / 오늘은 이 마음에 / 색동옷 입혀 / 새해 마음이라 이름 붙여줍니다 // 일 년 내내 / 이웃에게 복을 빌어주며 / 행복을 손짓하는 / 따뜻한 마음 // 작은 일에도 고마워하며 / 감동의 웃음을 / 꽃으로 피워내는 / 밝은 마음 // 내가 바라는 것은 / 남에게 먼저 배려하고 먼저 사랑할 줄 아는 / 넓은 마음 // 다시 오는 시간들을 / 잘 관리하고 정성을 다하는 / 성실한 마음 // 실수하고 넘어져도 / 언제나 희망으로 / 다시 시작할 준비가 되어 있는 / 겸손한 마음 // 곱게 설빔 차려입은 / 나의 마음과 어깨동무하고 / 새롭게 길을 가니 / 새롭게 행복합니다.

— 이해인, 「새해 마음」 전문

인용 시「새해 마음」은 시집『작은 기쁨』(열림원, 2008)에 실렸다. 앞의 인용 시「새해 아침에」와「새해엔 산 같은 마음으로」처럼 "색동옷 입혀"와 "곱게 설빔 차려입은"이라는 색동옷 설빔이 등장한다. 인용 시는 화자 자신에게 던지는 덕담이기도 하다. 화자의 새해 마음가짐을 표현한 시이다.

앞에서 이해인 시인의 새해 관련 세 편의 시를 읽어 보았다. 시 「새해 아침에」, 「새해엔 산 같은 마음으로」, 「새해 마음」 모두 서로 유사성 있는 시임을 읽을 수 있다. 새해의 마음가짐을 그려 낸 시이다.

시어 '설빔'에 주목해 본다. "색동의 설빔을 차려입는다 / 내 묵은 날들의 슬픔도 / 새 연두 저고리에 / 자줏빛 끝동을 단다"(「새해 아침에」), "색동의 설빔을 차려입은 어린이처럼 / 티없이 순한 눈빛으로"(「새해엔 산 같은 마음으로」), "곱게 설빔 차려입은 / 나의 마음과 어깨동무하고"(「새해 마음」)만 읽어 봐도 서로 유사성이 있다. 나머지 유사성을 도출하는 것은 독자의 몫으로 남긴다.

독하게 말하면, 자기 표절 시이다. 자작시를 짜깁기하여 발표한 흔적이 너무 짙다. 좋은 말로 말하면, 새해의 마음을 다양하게 변주하여 표현하려고 변형한 시이다.

제2부

무속성(巫俗性) 시 읽기

1. 김소월의 환생 화소(還生話素) 시 읽기
2. 김소월의 무속성(巫俗性) 시 읽기 – 시적 화자를 중심으로
3. 서정주와 청록파 시인의 '전설' 읽기

1.
김소월의 환생 화소(還生話素) 시 읽기

1. 들어가기

　김소월(1902~1934)은 설화 모티프 시를 여러 편 발표했다. 그 대표적인 시가 「진달래꽃」, 「접동새」, 「물 마름」, 「삼수갑산운」 등이다. 이 가운데 환생 화소(還生話素)에 주목해 보면, 「진달래꽃」과 「접동새」이다. 「진달래꽃」에서는 진달래꽃으로 환생하는 식물 환생 화소, 「접동새」에서는 접동새(두견새, 소쩍새)로 환생하는 동물 환생 화소가 내재해 있다. 다시 말하면, 죽은 자의 영혼이 「진달래꽃」에서는 진달래꽃에, 「접동새」에서는 접동새(두견새, 소쩍새)에 깃들어 있음을 읽을 수 있다. 이는 애니미즘(animism) 화소(話素)이기도 하다.
　애니미즘(animism)은 원시 종교의 정령 신앙이다. 자연계의 모든 사물에는 영적이고 생명적인 것이 깃들어 있다는 것이다. 자연계의 여러 현상에 영적이고 생명적인 것이 깃들어 작용한다고 보는 세계관을 일컫는다. 이를 흔히 미신이라고 한다. 고등 종교 관점에서 보면, 터무니없고, 허무맹랑한 원시 신앙에 불과하다. 이는 물신숭배(애니미즘, 종교학의 페티시즘) 화소(話素)이기도 하다.
　시에 설화를 차용하거나 변용할 때, 외적 소재(extrinsic matter)와 내적 소재(intrinsic matter)로 구분하여 적절성을 검토하여 채택한다. 외적 소재(extrinsic matter)란 독자에게 이미 잘 알려진 사실(역사, 신화, 널리 퍼진 이야기)에서 취재한 시인의 독창성이 거의 없는 소재를 일컫는다. 내적 소재(intrinsic matter)란 독자들이 전혀 모르는 새로운 사실, 즉 시인의 상상력에 의해서 창조한 소재를 일컫는다. 그렇다면 김소월은 이를 어떻게 채택했는지 살펴본다.

이 글에서 '김소월의 환생 화소(還生話素) 시 읽기'라는 제목 아래 '시「접동새」와 접동새 설화 읽기', '시「진달래꽃」과 진달래꽃 설화 읽기'로 구분하여 읽어 보고자 한다.

2. 시 「접동새」와 접동새 설화 읽기

김소월의 시집 『진달래꽃』(1925)에 수록한 애니미즘 화소 가운데 가장 인상 깊은 「접동새」부터 읽어 보고자 한다. 동물 환생 화소가 내재해 있다. 더 자세하게 표현하자면, 새 환생 화소, 접동새 환생 화소이다. 시「접동새」의 전문을 읽어 본다.

접동
접동
아우래비 접동

진두강(津頭江) 가람 가에 살던 누나는
진두강 앞마을에
와서 웁니다.

옛날, 우리나라
먼 뒤쪽의
진두강 가람 가에 살던 누나는
의붓어미 시샘에 죽었습니다.

누나라고 불러 보랴
오오, 불설워
시새움에 몸이 죽은 우리 누나는
죽어서 접동새가 되었습니다.

아홉이나 남아 되던 오랩 동생을
죽어서도 못 잊어 차마 못 잊어
야삼경(夜三更) 남 다 자는 밤이 깊으면
이 산 저 산 옮아가며 슬피 웁니다.

— 김소월, 「접동새」 전문

　　인용 시는 동물 환생 화소가 내재한 '접동새' 설화를 변용한 시이다. 즉, 평안북도 박천의 '접동새' 설화를 외적 소재로 차용하여 변용한 시이다. 비서술체(非敍述體, non-narrative), 즉 운문(verse) 표현 기법을 채택했다. 이는 자기 독백 형식의 묘사체 기법이다. 압축으로 인해 설화를 바로 이해하기 쉽지 않다. 하지만 배경 설화를 시적 변용이라는 측면에서 볼 때 바람직한 기법이다. 반면에 배경 설화를 변용한 서술체(敍述體, narrative), 즉 산문(prose) 표현을 채용했다면 쉽게 이해할 수 있다는 장점이 있다. 그러나 시적 변용 측면에서는 바람직하지 않다.
　　만일 서정주의 시 「신부」처럼 서술체, 투박한 산문체로 표현했다면 주술적 이야기의 시적 의미만 이해할 수 있을 것이다. 곧 객관성을 획득하지 못했을 것이다. 접동새 설화 자체가 애니미즘 요소와 주관적 무속 신앙적 요소가 짙게 흐르기 때문이다. 이는 불교의 윤회 바퀴와 관련한 환생 화소가 내재해 있기도 하다.

오세영 교수가 시「접동새」의 배경 설화를 소개한 것을 살펴본다. 그 내용을 요약하면 다음과 같다.

> 옛날 평북(平北) 박천의 진두강(津頭江) 가에 한 소녀가 부모와 아래로 아홉이나 되는 오랍동생을 데리고 함께 살았다. 그런데 어느날 그만 어머니가 죽게 되자 아버지는 의붓엄마를 얻었다. 계모는 성질이 흉포 잔인하여 전실 10남매를 매일 같이 구박하였지만, 그녀의 아버지는 이를 못 본 체하였다. 계모의 학대는 날로 심하여 생모가 거처했던 방의 유물들을 모두 없이 하였을 뿐만 아니라, 전실 자식들에게 끼니조차 제대로 주지를 않았고, 그들이 밖에 나가지 못하도록 집에 가두어 두기까지 하였다. 세월이 지나 과년해지자 소녀는 박천 어느 부잣집 도령과 혼약하게 되었다. 그리고 약혼자의 집으로부터 많은 예물을 받았다. 이를 시기한 계모는 어느날 그 예물을 빼앗고, 그녀를 친어머니의 장롱 속에 가두었다가 마침내 불에 태워 죽였다. 의지할 곳 없는 아홉 어린 동생들은 누나가 불에 타 죽은 재를 헤치며 슬피 울었다. 그때 재 속에서 한 마리의 접동새가 살아 날아갔다. 죽은 누나의 넋이 접동새로 환생하였던 것이다. 한편 뒤늦게 이 사실을 안 관가에서는 계모를 잡아, 그 딸이 죽은 것과 똑같은 방법으로 처형하였다. 계모의 재 속에서는 까마귀가 나왔다. 접동새가 된 소녀는 죽어서도 계모가 무서워 대낮엔 나오지를 못하고 남들이 다 자는 야삼경이 되어야만 조심스럽게 날아와 오랍동생들이 자는 창가에서 목 놓아 울었다(오세영,『한국 현대시 분석적 읽기』, 고려대학교 출판부, 2001. 36-37쪽.).

이와 같이 불교의 윤회 바퀴 측면에서 보면, 누이(소녀)의 죽은 원혼(冤魂)은 접동새로, 계모의 죽은 혼은 까마귀로 환생하였다는 설화이다. 애니미즘 측면에서 보면, 누이의 원혼(冤魂)은 슬피 우는 새의 상징인 접동새에 깃들고, 계모의 혼은 악의 상징인 까마귀에 깃들었다는 설화이다.
　오세영 교수가 인용 시의 마지막 연을 해석한 부분을 그대로 읽어 본다.

　접동새는 어린 아홉 동생을 차마 잊을 수 없었기 때문에 그들을 버리고 홀로 자유를 찾아 날아갈 순 없었다. 그리하여 야삼경만 되면 동생들이 자는 창가에 앉아 슬피 울었던 것이다. 즉, 이 시에서 한의 갈등은 떠나고자 하는 행위와 떠날 수 없는(매이고자 하는) 행위, 즉 자유와 구속의 서로 상반하는 모순에 존재한다. 첫째는 죽음과 그것을 사실로 받아들이기를 거부하는 강한 생에의 집착이다. 설화는 주인공이 단순하게 죽는 것으로 결말 지우지 않았으며 그 죽음의 결과가 현재까지도 영향을 주는 것으로 묘사한다(단순히 죽음으로 끝났다면 하의 정서가 환기될 순 없을 것이다). 주인공은 죽어서도 접동새로 살아 있는 것이다. 그뿐만 아니라 그 새는 자유롭게 훨훨 저승으로 가지 못하고 항상 지상에서 슬피 울고 있다. 둘째는 망각과 기억, 또는 체념과 미련 사이에 존재하는 딜레마이다. 주인공인 누나는 이제 이승의 인간이 아닌, 망자이므로 속세의 모든 것들로부터 초월해 있어야 한다. 그러나 그녀는 속세를 '죽어서도 못 잊어 차마 못 잊는' 것이다.
　이렇게 「접동새」의 이미저리를 통해 한국인의 심층에 내재한 한을 표상하고 있다(위의 책, 48쪽.).

　인용 시 「접동새」처럼 제주 신화에서 '새 환생 화소'가 나타나는 본풀이가 둘 있다. '지장본풀이'와 '세경본풀이'이다. 인물로 말하자면, '지장 아기씨'와 '서수왕 따님아기'이다. '지장본풀이'는 제주 큰굿의 '시왕맞이굿' 신화의 일부이다. '시왕맞이굿'에서 '지장본풀이', '차사본풀이', '명감본풀이'를 가창한다. '지장본풀이'에서 새로 환생한 인물은 '지장 아기씨'이다. 과거 제주도 토속어 발음에서 '사(邪)'는 '새'와 동음이었다. 그래서 새를 사악한 기운으로 여겼다. 먼저 이를 읽어 본다.

　　머리를 깎고 스님 행색을 하여 탁발을 다니면서 집집이 한 홉씩 쌀을 공양 받아다가 떡을 했다. 이렇게 탁발을 하여 쌀을 모은 것은 여러 사람의 공덕이 깃든 떡을 만들기 위해서이다. 지장 아기씨는 온갖 정성을 모아 죽은 원혼들을 위하여 전새남굿을 해 주었다.
　　이렇게 자신으로 인해 죽게 된 사람들의 원한을 풀어 준 지장 아기씨는 남은 생을 살다가 주어서 새로 환생했다. 그런데 이 새가 사람의 몸에 들면 나쁜 기운이 되어 온갖 질병을 일으켰다. 사악한 기운, 새[邪]가 된 것이다.
　　이 사악한 기운이 머리로 들면 두통새가 되고, 눈으로 들면 눈 흘기는 흘기새가 되고, 코로 나오면 거친 숨 쉬는 악심새가 되고, 입으로 가면 부부간 이간질하는 헤말림새가 되고, 가슴으로 가면 답답증 일으키는 열화새가 되고, 오금에 붙으면 조작거리는 오두방정새가 되었다. 사람들에게 질병이 생기는 것은 이 새가 온갖 질병을 가져다주면서 풍운조화를 일으켰기 때문이다.
　　원래 지장 아기씨의 이름은 불교의 지장보살에서 따온 것이다. 불교의 지장보살은 모든 중생을 지옥의 고통에서 구제해 주기 위하여 부처가 되는 것을 미룬 보살이라고 한다. 그런데 같은 이름을 가진 지장 아기씨는 죽어서 사람들에게 온갖 질병을 일으키는 새로 환생하였다(강순희·여연, 『조근조근 제주 신화3』, 지노, 2018, 165-166쪽.).

'세경본풀이'는 '제주도 큰굿'의 신화이다. '제주도 큰굿'은 '세경본풀이' 제차와 농신(農神)을 위한 굿이다. 심방이 제상 앞에 앉아 장고를 치며 부르는 신화이다. '세경본풀이'에서 새로 환생한 인물은 '서수왕 따님 아기'이다. 이를 읽어 본다.

서수왕 따님아기는 문왕성 문도령에게 시집가기로 결정이 되었는데 자청비 때문에 혼사가 틀어졌다. 자청비에게 문도령을 뺏긴 것이 너무나 억울하여 서수왕 따님아기는 문을 걸어 잠그고 석 달 열흘을 물 한 모금 먹지 않았다. 백일이 지나 방문을 열어 보니 서수왕 따님아기는 죽어 새로 환생해 있었다.
  가슴속 원한이 뭉쳐서 새로 환생한 서수왕 따님아기는 지장아기씨처럼 사람들 몸에 들어 온갖 질병을 일으켰다. 도통새, 흘그새, 악숨새, 헤말림새가 나온다는 것은 지장본풀이와 같다(위의 책, 166-167쪽.).

  이는 전형적인 '새 환생 화소'이다. 애니미즘 화소이다. 김소월의 「접동새」의 '새 환상 화소'와 상동성 측면에서 주목해 볼 필요가 있다. 그뿐만 아니라, "새들은 영혼의 안내자이다. 스스로 새가 되었다는 것 혹은 새와 함께한다는 것은 살아 있으면서도 천상계와 저승으로 접신적인 여행을 할 능력을 얻"(미르치아 엘리아데, 『샤마니즘』, 까치, 2014 재판, 107쪽.)은 것이다. 올바른 시 읽기 측면에서 무속의 의미를 이해할 필요도 있을 것이다.

3. 시 「진달래꽃」과 진달래꽃 설화 읽기

  김소월의 시집 『진달래꽃』의 표제 시 「진달래꽃」은 일반적으로 '이별의 정한'을 노래한 것으로 널리 알려져 있다. 버림받은 여자의 한 맺힌 정서가 녹아 흐른다는 해석을 통설로 받아들인다. 이와 달리, 애니미즘 화소가 녹아 흐른다는 주장도 있다. 식물 환생 화소가 내재해 있는 것이다. 더 자세히 표현하자면, 꽃 환생 화소, 진달래꽃 환생 화소이다. 시 「진달래꽃」의 전문을 읽어 본다.

나 보기가 역겨워

가실 때에는

말없이 고이 보내 드리오리다.

영변의 약산

진달래꽃

아름 따다 가실 길에 뿌리오리다.

가시는 걸음걸음

놓인 그 꽃을

사뿐히 즈려밟고 가시옵소서.

나 보기가 역겨워

가실 때에는

죽어도 아니 눈물 흘리오리다.

— 김소월, 「진달래꽃」 전문

 인용 시는 식물 환생 화소가 내재한 약산동대의 '진달래꽃' 설화를 변용했다. 즉, 약산동대의 '진달래꽃' 설화를 외적 소재로 차용하여 변용한 시이다. 비서술체(非敍述體, non-narrative), 즉 운문(verse) 표현 기법을 채택했다. 이는 자기 독백 형식의 묘사체 기법이다. 압축으로 인해 설화를 바로 이해하기 쉽지 않다는 단점이 있다. 배경 설화를 이해하지 못한 상태에서는 시 「진달래꽃」을 완벽하게 이해하기에는 한계가 있다.

 인용 시를 무당 굿의 구조와 흐름에 대입하여 송신(送神)의 단계라는 주장도 있다. 이를 먼저 읽어 본 후, 배경 설화를 읽어 보고자 한다.

이 시에서 '당신'은 나를 두고 먼저 죽은 존재로 읽힌다. 그런데 '나'는 '당신'이 "나 보기가 역겨워서" 먼저 이승을 떠났다고 생각한다. 그런 다음 "나 보기가 역겨워" 죽었기에 이제 '나'는 '당신'의 죽음에 대해서 "죽어도 아니 눈물" 흘리겠다고 다짐하는 것이다. (……) 여기에는 산 자가 죽은 자를 대하는 이중의 감정이 개입한다. 산 자가 이승의 세계에서 살아가기 위해서는 아무리 사랑하는 사람이라 할지라도 죽은 자를 저승의 세계로 돌려보내기 위해 애증(愛憎)의 감정이 필요한 것이다(김만수, 「"진달래꽃" 다시 읽기」, 강, 2017, 233쪽.).

무당 굿의 구조와 흐름에 대입하여 읽어 보면, 영신(迎神)과 접신(接神)의 단계를 지나 마지막 송신(送神)의 단계로 읽을 수도 있다. 영락없이 사령(死靈)을 다시 떠나보내는 의식처럼 읽히기도 한다. 시를 읽는 수많은 독법(讀法) 가운데 하나임은 분명하다.

김학동은 『김소월 평전』(2013)에서 시 「진달래꽃」과 약산동대의 '진달래꽃' 설화와의 연관성 문제를 다루었다. 그 주요 내용은 아래와 같다.

제2연의 '영변에 약산 / 진달래꽃'에서 굳이 영변의 약산에 피어 있는 진달래꽃을 따다가 자신을 버리고 떠나는 님의 가시는 길에 뿌리겠다는 데 문제가 있다. 영변의 약산동대는 그의 고향집에서 멀리 떨어져 있는 곳이다. 그의 고향에는 진달래가 많이 피는 남산에 '진달래봉'이 있다고 한다. 그러함에도 소월은 그의 고향 산이 아닌 영변의 약산 진달래꽃을 뿌리겠다는 것은 의도적인 것이 아닐 수 없다.

아마도 소월이 영변의 약산동대의 진달래꽃에 얽힌 설화를 어려서 누군가를 통해서 들었거나, 아니면 그 지방에 유포되어 있는 것인지도 모른다. 어느 태수의 딸이 약산동대를 찾았다가 그 기슭에 흐르는 구강에 빠져 죽은 원혼이 진달래가 되었다는 설화 내용을 알고 쓴 의도적인 것으로 보인다.

여기서 사랑하는 사람이 가실 길에 뿌려진 진달래꽃은 죽은 처녀의 원혼이기도 하지만, 보내는 시적 화자의 원망이 서린 꽃이기도 하다. 이렇게 보면 이 시에서 '영변에 약산 / 진달래꽃'은 그저 지나칠 구절이 아니라, 이 시의 핵심적 요소가 된다. 그러함에도 우리는 이 시의 해석에서 이 구절을 아무렇지 않게 지나쳐 왔던 것도 사실이다. 그러나 약산동대에 얽힌 설화의 상호텍스트성 위에서 보면 매우 중요하다는 것을 알게 된다(김학동, 『김소월 평전』, 새문사, 2013, 128쪽).

이와 같이 김학동은 『김소월 평전』에서 시 「진달래꽃」과 약산동대의 '진달래꽃' 설화와의 연관성 문제를 다루었음을 읽어 보았다. 이와 관련하여 노춘성의 산문집 『인생 안내』(1938)에 실린 기행문을 아래와 같이 읽어 본다.

약산에는 바위틈마다 진달래꽃이오, 도라지꽃도 많이 핀다. 선녀가 내려오기 때문에 아침까지 안개가 낀다고 하며, 그리고 옛날 어떤 수령의 외딸이 이 약산에 왔다가 절벽에서 떨어져 죽은 후에 그의 넋이 진달래가 되어 이 약산을 뒤덮었다고 한다. 이처럼 이 약산은 전설과 민요와 정열로 묻힌 아름다운 승지이다. 북국의 한 모퉁이 철옹성에는 언제나 정열의 묻힌 민요가 이 산을 찬미하고 있다.

― 노춘성, 기행문 「약산동대」에서 (위의 책, 141쪽.)

노춘성의 산문집 『인생 안내』(영창서관, 1938.)에 실린 기행문 「약산동대」의 일부이다. 죽은 소녀의 혼이 진달래에 깃들었다는 의미이다. 애니미즘 화소가 녹아든 비극 결말이다. 즉, 새드엔딩이다. 이를 배경으로 권선징악의 해피엔딩 고소설이 있다. 「춘향전」을 모방한 소설이다. 이종정(李鍾禎)의 고소설 『약산동대』(광동서국, 1913)이다. 그 줄거리는 아래와 같다.

충청도 회덕군(懷德郡) 동면에 송성회(宋星會)라는 사람이 일찍 벼슬을 하직하고 고향에 내려와 부인과의 사이에서 늦게 아들을 얻으니, 이름을 경필(慶弼)이라 하였다. 15세에 경필이 영변의 약산동대를 구경하던 중에 마침 「열녀전」을 읽고 있던 한 소녀를 만나, 주점의 매파를 통해 상봉을 간청한다.

그 여인의 이름은 빙옥(氷玉)인데, 창기의 몸이어서 인연을 맺을 수 없다 하였다. 그 부모에게 정실(正室)로 맞을 것을 약속하고, 학업을 위해 신물(信物)을 교환하고 작별한다. 이때 영변 부사가 새로 부임하여 기생점고(妓生點考)를 시켰으나 빙옥이 나타나지 않으므로 강제로 불러 수청을 요구한다. 그러나 빙옥이 수청을 거역하므로 형장을 치고 칼을 씌워 하옥한다.

이때, 경필은 학업에 힘써 알성과에 장원급제하여 한림학사를 제수받고, 평안도 암행어사가 되어 떠났다. 도중에 초동과 농부로부터 내일 본관사또 생일에 빙옥이 처형된다는 말을 듣고, 급히 약산(藥山)에 이르러 빙옥의 집을 찾지만, 장모의 푸대접을 받는다.

거지 행색으로 옥중의 빙옥을 만난 뒤 본관의 잔칫날 음식과 술을 얻어먹고 글 한 수를 짓는다. 그 뒤 암행어사 출두를 하여 빙옥을 구출하고 공사를 처결한 뒤 길일을 가려 빙옥과 화촉의 예를 올린다. 빙옥은 정렬부인의 직첩을 받고 어사는 예조참판에 올라 화락한 가정을 이룬다.

— 이종정(李鍾禎), 고소설 「약산동대」 줄거리

[출처: 한국민족문화대백과사전]

약산동대를 근원 설화로 한 고소설이다. 공간 배경은 영변의 약산동대이다. 「춘향전」과 이야기 구조가 비슷하다. 즉, 모방 소설이다. 이는 주인공 이도령이 송경필로, 춘향이 빙옥으로 바뀌었다는 점이

다르고, 이야기 구조는 거의 동일하다.

4. 나가기

앞에서 '김소월의 환생 화소(還生話素) 시 읽기'라는 제목 아래 '시「접동새」와 접동새 설화 읽기', '시「진달래꽃」과 진달래꽃 설화 읽기'로 구분하여 읽어 보았다.

김소월은 설화 모티프 시를 여러 편 발표했다. 이 가운데 애니미즘(animism) 화소(話素)에 주목하여 읽어 보았다. 죽은 자의 영혼이「진달래꽃」에서는 진달래꽃에,「접동새」에서는 접동새(두견새, 소쩍새)에 깃들어 있음을 읽을 수 있었다.

김소월은 시에 설화를 차용하거나 변용할 때, 이미 잘 알려진 사실(역사, 신화, 널리 퍼진 이야기)에서 취재한 시인의 독창성이 거의 없는 소재인 외적 소재(extrinsic matter)에 더 비중을 두었음을 알 수 있다. 또한, 비서술체(非敍述體, non-narrative), 즉 운문(verse) 표현 기법을 채택했다. 이는 자기 독백 형시이 묘사체 기법이다. 압축으로 인해 설화를 바로 이해하기 쉽지 않다는 단점이 있음도 살펴보았다.

2.
김소월의 무속성(巫俗性) 시 읽기
– 시적 화자를 중심으로

1. 들어가기

 동양의 시문학사에서 무속적 세계관과 인생관을 확연하게 드러낸 시인은 중국 전국 시대 초나라의 굴원(屈原, B.C.343?~B.C.277?)을 손꼽을 수 있다. 굴원은 「구장(九章)」에서 영신(迎神), 진혼(鎭魂), 송신(送神)의 무속성을 확연하게 드러냈다. 특히 굴원의 「구장(九章)」 마지막 열한 번째 시 '예혼(禮魂)'이 널리 알려진 진혼가(鎭魂歌)이다. 이를 간략히 읽어 본다.

  成禮兮會鼓 예를 갖추어 일제히 북을 치고
  傳芭兮代舞 파초를 건네며 번갈아 춤을 추는
  姱女倡兮容與 아리따운 무녀들 노래 은은하고
  春蘭兮秋鞠 봄에는 난초 가을에는 국화
  長無絕兮終古 길이길이 끊임없이 이어져라
           — 굴원, 「구장」, '11. 예혼(禮魂)' 전문

 인용 시는 영혼을 달래는 진혼가이다. 아름다운 무녀들이 노래와 춤으로 죽은 자의 영혼을 달랜다. 봄에는 난초, 가을에는 국화를 헌화하며 끊임없이 영혼을 달랜다는 내용이다. 이를 송신가(送神歌)로 보는 견해도 있다.

우리나라 시문학사에서 무속적 세계관과 인생관을 확연하게 드러낸 시인을 손꼽아 보라면, 김소월을 빠트릴 수 없을 것이다. 김소월의 시집 『진달래꽃』(1925)에 수록한 시편 가운데 죽은 자의 영혼을 부르고(呼名, 招魂), 맞이하고(迎神), 접신(接神)하고, 달래고(鎭魂), 저승으로 보내는(送神) 무속 제차(祭次)가 내재해 있기 때문이다.

김소월이 「시혼(詩魂)」이라는 시론(詩論)에서 "영혼은 절대로 완전한 영원의 존재며 불변의 형성"(김용직 편저, 『김소월 전집』, 497쪽.)이라고 강조했다. 영혼은 만물에 깃들어 있고, 영원한 존재로 불멸한다는 영혼 불멸의 세계관을 드러낸 것이다. 이는 범심론(汎心論), 물활론(物活論), 영혼 불멸설(靈魂不滅設)과 내밀한 연관성이 있다.

또한, "우리의 영혼이 우리의 가장 이상적 미의 옷을 입고"(위의 책. 496쪽.)라고 강조한 것은 김소월이 "시혼을 영혼과 같은 것으로 보고, 이 영혼이 미적 의장을 입고 나타난 것이 시혼이라고 생각"(김경복, 「김소월의 '시혼'에 나타난 생태주의 성격 연구」, 『배달말』 통권 58호, 2016, 108쪽.)했다는 의미이다. '시혼'과 '영혼'이 일체라는 신념을 드러낸 것이다. 이는 김소월의 시론(詩論)의 핵심 열쇠임과 동시에 인생관이고 세계관이기도 하다. 그의 시에 무속성이 녹아 흐르는 이유이기도 하다.

김소월의 무속성(巫俗性)에 관해 연구한 선행 연구자는 김경복, 김만수, 김학동, 오태환, 이몽희 등이다. 김만수는 『민족문학사연구』(제23호, 민족문학사학회, 2003)에 「김소월의 『진달래꽃』과 샤머니즘 굿의 구조와 관련하여」라는 논문을 발표했다. 김소월의 『진달래꽃』에서 나타난 샤머니즘적 요소를 비롯하여 굿의 구조와 흐름에 관한 연구이다. 그 후 『"진달래꽃" 다시 읽기』(2017)라는 단행본에서 『진달래꽃』에 수록된 127편 모두를 굿의 구조와 흐름으로 다루었다. 머리말에서 "내 가슴속에는 큰 무당이 자리 잡게 되었으니, 그가 바로 시인 김소월이다."라며 말한다. 시집 『진달래꽃』의 소제목 16개를 무당 굿의 영신(迎新), 접신(接神), 송신(送神) 구조에 대입하여, 제1부에서 제4부는 영신(迎新), 제5부에서 제11부는 접신(接神), 제12부에서 제16부는 송신(送神)의 단계에 상응한다고 주장한다.

김경복은 『배달말』(통권 58호, 2016)에 「김소월의 '시혼'에 나타난 생태주의 성격 연구」를 발표하면서 김소월의 시론(詩論)인 시혼(詩魂)을 생태주의 측면에서 연구하였다. 김학동은 『김소월 평전』(2013)에서 초혼, 죽음, 진혼, 설화, 전설 등 무속성에 관한 내용을 반영하였다. 이몽희는 「한국 근대시와 무속적 구조 연구: 김소월·이상화·이육사·서정주를 중심으로」(동아대학교 대학원, 1988)라는 박사 학위 논문에서 여러 시인의 시에 나타난 무속적 구조 연구의 일부로 김소월의 시 「진달래꽃」을 비롯해 여러 편을 다루었다.

오태환은 「혼과의 소통, 또는 무속적 요소의 문학적 층위—김소월·이상·백석 시의 무속적 상상력」이라는 논문에서 현대시에 나타난 무속성을 두 가지 방향에서 접근할 수 있음을 주장했다. "① 시인이 지닌 무속적 세계관과 인생관의 조명 아래 쓰여지는 경우"와 "② 시인이 무속적 세계관과 인생관을 지니지는 않지만, 무속을 도구로 사용하는 경우"(오태환, 「혼과의 소통, 또는 무속적 요소의 문학적 층위—김소월·이상·백석 시의 무속적 상상력」, 『세시풍속의 문학적 표상과 그 변용』, 채륜, 2015, 195쪽.)라고 주장했다.

오태환은 "우리 시사에서 ①에 해당하는 대표적인 시인으로 김소월과 서정주를 꼽을 수 있다. (……) 김소월의 시에 나타난 무속성은 대체로 정한이라는 단색적 정서를 혼교라는 무속적 전경 아래에서 조명하는 형식을 지니는 것으로 보인다."(위의 논문, 195쪽.)라며 주장했다. 또한, "김소월의 시에서 두드러지는 무속적 요소는 사령(死靈)의 인식, 또는 사령과의 교감이라는 무속적 사생관으로부터 발원한다. 사령과의 소통은 무속적 사유의 근간이 되는 테마며, 사랑굿은 무속적 제례의 중심축을 형성"(위의 논문, 198쪽.)함을 주장한다.

이 글에서는 시적 화자에 초점을 맞춰 시「초혼(招魂)」,「무덤」,「묵념(默念)」,「비난수하는 맘」,「찬 저녁」,「열락(悅樂)」,「바리운 몸」을 중심으로 간략히 읽어 보고자 한다. 이들 시편을『진달래꽃』(1925) 초판본을 기준으로 띄어쓰기만 일부 정리해서 읽어 본다.

2.「초혼(招魂)」읽기

미르치아 엘리아데(Mircea Eliade, 1907~1986)는 무당이 영혼을 불러들이는 초혼(招魂)과 영혼을 찾아내는 탐혼(探魂)을 구분하여 설명한다. "초혼은 샤만에 의한 치병 굿의 한 단계에 지나지 않는다. 샤만이 병자의 영혼을 찾아다니다가 끝내는 이 영혼을 데려오기 위해 사자의 나라에까지 내려가는 것은 영혼이 제 육체로 되돌아오기를 거절하거나 되돌아올 수 없을 때뿐이다. 가령 부르야트인에게는 영혼을 불러들이는 주문과 영혼을 찾아내는 샤만이 있"(미르치아 엘리아데,『샤마니즘』, 까치, 2014 재판, 206-207쪽.)음을 주장한다.

김소월의 시「초혼」을 어떻게 읽어야 할까? 김소월의 시론(詩論)이 열쇠일 수 있을 것이다. 김경복 교수(경남대학교)는 김소월의 "시론은 정신 우위의 영혼주의의 입장이라고 말할 수 있는 것이다. 그리고 그의 시혼 역시 영혼의 구체화라는 점에서 생태주의적인 인식"(김경복, 앞의 논문, 111쪽.)임을 강조했다.

산산히 부서진 이름이어!
허공중(虛空中)에 헤여진 이름이어!

불너도 주인(主人) 업는 이름이어!
부르다가 내가 죽을 이름이어!

심중(心中)에 남아 잇는 말한마듸는
씃씃내 마자 하지 못 하엿구나.
사랑하든 그 사람이어!
사랑하든 그 사람이어!

붉은 해는 서산(西山) 마루에 걸니웟다.
사슴이의 무리도 슬피 운다.
써러저 나가 안즌 산(山) 우헤서
나는 그대의 이름을 부르노라.

서름에 겹도록 부르노라.
서름에 겹도록 부르노라.
부르는 소리는 빗겨가지만
하눌과 짱 사이가 넘우 넓구나.

선 채로 이 자리에 돌이 되여도
부르다가 내가 죽을 이름이어!
사랑하든 그 사람이어!
사랑하든 그 사람이어!

— 김소월, 「초혼」 전문

 인용 시 「초혼」에서 시적 화자는 '나(내)'이다. 1연의 "부르다가 내가 죽을 이름이어!", 3연의 "나는 그대의 이름을 부르노라.", 5연의 "부르다가 내가 죽을 이름이어!"에서 읽을 수 있다. 시적 화자는 1연과 5연에서 "부르다가 내가 죽을 이름이어!"라며 반복한다. 사랑했던 '그대' 혹은 '그 사람'을 부르고 불러도 대답이 없다. 시적 화자는 '그 사람'의 이름을 부르고 부르다가 "선 채로 이 자리에 돌"이 될 것이라는 굳은 의지와 다짐도 드러낸다. "혼에 대한 호명과 소통에 대한 간절함은 영혼의 존재와 영원성을 믿는 태도"(위의 논문, 111쪽.)임을 읽을 수 있다.

시적 화자가 죽도록 불러야 할 이름은 죽은 자이다. 이승에 떠도는 혼백(魂魄)을 부른다. 이는 사령(死靈)을 부르는 고복(皐復) 의식이다. 제목 그대로 장례 절차인 '초혼(招魂)' 의식이다. 이는 호명(呼名) 의식이라고도 한다. 굿으로 보면 영신(迎神) 단계의 초입에서 이루어지는 의식이다.

시적 화자인 "이승의 '나'는 저승의 '그대'를 향해 목 놓아 이름을 불러 보지만, 그대의 답은 없다. (……) 그대의 이름을 부르다가 '나'가 죽는 일밖에 없다"(김만수, 『『진달래꽃』 다시 읽기』, 강, 2017, 205쪽.)라고 해석할 수 있다. 시적 화자가 "사자(死者)의 애통한 원한의 곡절을 풀이함으로써 그것을 풀려고 하며 낙지(樂地)에로의 왕생 즉 영생으로서의 부활도 아울러 빌고자 하는 의도가 함축"(이몽희, 「한국근대시와 무속적 구조 연구: 김소월·이상화·이육사·서정주를 중심으로」, 동아대학교 대학원 국어국문학과 박사논문, 1988, 33쪽.)된 것일 수 있다.

인용 시는 시적 "화자의 목소리를 통하여 죽음의 깊이에 이르게 한다. 더구나 '죽음'을 통해서 그들의 사랑을 다시 확인하는 과정에서 영원성 같은 것을 느끼게 된다. 결국, '사랑'의 영원성은 '죽음'을 통해서 다져진다. 이것은 순정으로 인간의 보편적 삶 속에 내재하는 진실성이라 할 수"(김학동, 『김소월 평전』, 새문사, 2013, 50-51쪽.) 있을 것이다.

시적 화자가 죽도록 불러야 할 이름은 오산학교 친구였던 '김상섭'이다. 김소월의 "숙모 계희영은 말하기를, 이 시는 소월의 유일한 친구 상섭의 죽음을 두고 쓴 것"(위의 책, 50쪽.)이라고 했다. 이를 좀 더 자세히 살펴본다.

「초혼」은 작가가 가장 사랑하는 애인의 죽음을 두고 쓴 것처럼 되어 있다. 숙모 계희영의 말대로, 이 시가 소월의 유일한 친구였던 상섭의 죽음을 애도한 시라면, 여기서 '사랑하던 그 사람'은 무엇인가? 이것이 사실이라면 친구 상섭을 연인으로 설정한 것은 그 죽음을 더욱 슬프게 하기 위해서 사랑하는 연인으로 한 것이라 할 수 있다. '사랑하는 벗'이라 하는 것보다 '사랑하는 그 사람'이 훨씬 더 애절하게 느껴지기 때문이다(위의 책, 87쪽.).

3.「무덤」읽기

시「무덤」에서 시적 화자에 주목하면서 읽어 본다. 시적 화자인 "나와 사자(死者: 祖上) 쌍방을 문제 삼고 부르는 소리의 기능까지도 온전히 해내고 있"(이몽희, 앞의 논문, 53쪽.)음을 읽을 수 있을 것이다.

> 그 누가 나를 헤내는 부르는 소리,
> 붉으스럼한 언덕, 여긔저긔
> 돌무덕이도 음즉이며, 달빗헤,
> 소리만 남은 노래 서리워 엉겨라,
> 옛 조상(祖上)들의 기록(記錄)을 무더 둔 그곳!
> 나는 두루 찻노라, 그곳에서,
> 형적 업는 노래 흘너 퍼져,
> 그림자 가득한 언덕으로 여긔저긔,
> 그 누구가 나를 헤내는 부르는 소리,
> 부르는 소리, 부르는 소리,

내 넋을 잡아 쓰러 헤내는 부르는 소리.

— 김소월, 「무덤」 전문

인용 시 「무덤」에서 시적 화자는 '나(내)'이다. 첫 행의 "그 누가 나를 헤내는 부르는 소리.", 6행의 "나는 두루 찻노라, 그곳에서,", 9행의 "그 누구가 나를 헤내는 부르는 소리.", 결행의 "내 넋을 잡아 쓰러 헤내는 부르는 소리."에서 읽을 수 있다. 시적 화자는 첫 행, 9행, 결행에서 "부르는 소리"라며 반복한다. 이들 시행을 읽어 보면, "한밤중 공동묘지를 헤매는 화자가 빙의 상태에서 가슴에 품은 한을 망자의 공창에 의탁해 표출하는 작품으로 이해할 수 있다"(오태환, 앞의 논문, 201쪽.). 시적 화자는 죽은 자의 혼백(魂魄), 즉 사령(死靈)의 말을 듣는다. 사령이 직접 목소리를 내어 시적 화자에게 말한다. 즉, 공창(空唱)이다. 이에 관한 선행 연구자의 주장을 살펴본다.

시적 화자는 5행에서 "옛 조상들의 기록을 무더 둔 그곳"을 떠돈다. 그가 떠도는 시간인 밤은 죽은 자와의 소통이 가능한 시간대다. 5행의 "옛조상"은 자신의 조상뿐 아니라, 앞서 세상을 뜬 사람들을 통칭하는 것으로 보인다. "그곳"은 망자들의 시간이 묻힌 공동묘지를 일컫는다. 여기에서 시신을 "기록"으로 인식하는 것은 그것이 살아생전의 모든 내력이 응집된 결집체라는 생각이 작용했기 때문인 듯하다. (……)

무속적 사유 체계에 따르면 죽은 자의 혼백이 이승 세계에서 내는 소리를 공창(空唱)이라 한다. 공수가 무당의 입을 빌린 사령의 소리라면, 공창은 사령이 직접 내는 소리다. 이 시에서 "나를 헤내는 부르는 소리", "돌무더기도 옴즉이며, 달빗헤, / 소리 만남은 노래", "형적 없는 노래"는 모두 공창으로 이해할 수 있다. 그는 그것들을 통해 사령의 존재를 분명히 감지한다. 죽은 자의 영혼이 온전히 저승에 들지 못하고, 이승에 떠돈다는 것은 이승에서 맺힌 한을 풀지 못한 채 죽었다는 것을 의미한다. 하여 혼백이 내는 소리는 화자에게 서럽게 들릴 수밖에 없다.

동시에 그것은 그 자신이 겪는 생의 한스러움과 공명을 일으킨다. 화자와 죽은 자의 혼백이 내는 공창은 마치 자신을 잘 알고 있는 사령이 자신을 부르고 끌어당기는 것 같다(위의 논문, 199-200쪽.).

결행의 "내 넉슬 잡아 쓰러 헤내는 부르는 소리."에 주목해 보면, 시적 화자에 대한 해석이 다를 수 있다. 또 다른 주장 2건을 이어서 읽어본다.

시적 주체는 "소리만 남은 노래"를 찾아 헤맨다. 형체 없는 망자의 "형적 없는 노래"에 휩싸여 방황하는 화자야말로 과거의 넋에 들린 무당이지 않은가. 망자의 소리는 "내 넋을 잡아끌어 헤내는 부르는 소리"이다(김만수, 앞의 책, 199쪽.).

이 시의 시적 화자의 태도는 "내 넉슬 잡아 쓰러 헤내는 부르는 소리."의 의미로 볼 때 두 가지로 해석될 수 있는데, 우선 하나는 무덤에 묻힌 어떤 영적 존재가 자기를 불러 무덤가를 배회하는 모습으로 볼 수 있다. 이때의 시적 화자는 혼에 민감한 존재, 즉 샤머니즘에서 말하는 영적 인간으로서 영과 소통하는 '교류 전문가'이다. 다른 하나의 해석은 실제 시 「초혼」에서 산 사람이 죽은 이의 이름을 부르는데, 이에 반응하여 죽은 영혼이 무덤에서 잠들지 못하고 일어나는 모습으로 볼 수 있다. 이때의 시적 화자는 죽은 이의 영 그 자체라 할 수 있다. 그 무엇으로 해석하든 김소월은 영혼의 존재와 소통할 수 있다는 전제 아래 만물에 영혼이 깃들어 있다고 보고 있는 것이다(김경복, 앞의 논문, 112쪽.).

먼저, 시적 화자가 '무당'이라는 김만수의 주장에 주목해 본다. 이 주장이 맞다면 사령이 직접 목소리를 내는 '공창'이 아니라, 무당의 입을 빌려 말하는 '공수(공반)'로 볼 수 있다. 그렇다면 '무당의 입'인 일인칭 화자(현상적 화자)의 뒤에 숨은 화자(함축적 시인)는 죽은 자이다. 시인은 숨은 화자(함축적 시인)와 동일성의 존재이다. 김만수가 『"진달래꽃" 다시 읽기』(2017)의 머리말에서 "내 가슴속에는 큰 무당이 자리 잡게 되었으니, 그가 바로 시인 김소월이다."라는 말과 시집 『진달래꽃』의 전 시편이 영신(迎新), 접신(接神), 송신(送神) 구조와 흐름에 상응한다고 주장한 것과 밀접한 관련이 있다. 이 주장이 맞다면, 무당은 "영혼의 안내자(psycho-pomp) 노릇을 하는가 하면 사제 노릇도 하고, 신비가 노릇도 하는가 하면 시인 노릇도 한다."(미르치아 엘리아데, 앞의 책, 2014, 23-24쪽.)라는 말에 김소월이 그대로 상응한다. 시 읽기의 다양성 측면에서 충분히 일리가 있다.

김경복의 주장 가운데 후자의 시적 화자에 주목해 본다. 인용 시를 「초혼」과 연결하여 읽어 보면, 「초혼」의 "화답가"(김경복, 앞의 논문, 111쪽.)라고 할 수 있다. 또한, 전자와 후자의 시적 화자 모두 김소월이 만물에 영혼이 깃들어 있다는 애니미즘(animism) 신앙, 즉 정령 신앙에 충실했음을 읽을 수 있다. 물신숭배(애니미즘. 종교학의 페티시즘) 화소(話素) 측면에서 읽을 수도 있다. 김소월의 인식은 "샤머니즘에서 말하는 '범령(凡靈) 사상', 또는 '만령(萬靈) 사상'"(위의 논문, 110쪽.)과 일치한다.

4. 「묵념」 읽기

아래 인용 시 「묵념」은 "화자와 시적 대상이 전도되어 나타난다. 화자가 한밤중 이승을 떠도는 사령의 배역을 맡고, 시적 대상은 그가 연모하는 살아 있는 자의 배역을 맡는다."(오태환, 앞의 논문, 201쪽.)라는 점에 주목하여 읽어 본다.

이슥한 밤, 밤괴운 서늘할 제
홀로 창턱에 거러안자, 두 다리 느리우고,
첫 머구리 소래를 드러라.
애처롭게도, 그대는 먼첨 혼자서 잠드누나.

내 몸은 생각에 잠잠할 쌔. 희미한 수풀로서
촌가(村家)의 액(厄)맥이제(祭) 지내는 불빗츤 새여 오며,
이윽고, 비난수도 머구 소리와 함께 자자저라.
가득키 차 오는 내 심령은…… 하늘과 짱 사이에.

나는 무심히 니러거러 그대의 잠든 몸 우헤 기대여라
움직임 다시 업시, 만뢰(萬籟)는 구적(俱寂)한데,
조요(照耀)히 나려 빗추는 별빗들이
내 몸을 잇그러라, 무한히 더 갓갑게.

— 김소월, 「묵념」 전문

인용 시 「묵념」에서 화자는 누구일까? 시적 화자는 '나(내)'이다. 이는 죽은 자의 사령(死靈)이다. 즉, 사령이 시적 화자이다. 2연의 "내 몸은 생각에 잠잠할 쌔. 희미한 수풀로서", 3연의 "나는 무심히 니러거러 그대의 잠든 몸 우헤 기대여라"와 "내 몸을 잇그러라, 무한히 더 갓갑게."에서 읽을 수 있다.

특히 2연의 "촌가(村家)의 액(厄)맥이제(祭) 지내는 불빗츤 새여 오며,"와 3연의 "이윽고, 비난수도 머구 소리와 함께 자자저라."라는 시행에 주목해 본다. "액(厄)맥이제(祭)"는 '가정이나 개인에게 닥칠 액을 미리

막는 제차(祭次)'이다. 이는 '액막이', '액풀이'다. 액을 방지하려는 제차(祭次)'이다. '비난수'라는 명사는 '귀신에게 비는 소리'라는 의미의 평안북도 토속어이면서 순우리말이다. 더불어 무속 제차(祭次) 용어이다. 이 '비난수'라는 제차(祭次)는 원혼(冤魂)을 달래서 저승으로 보내는 진혼(鎭魂)이라고 보면 타당하다. '비난수'가 제차(祭次)와 무관하게 단순히 사전적 의미 그대로 귀신에게 비는 소리라 하더라도 시적 화자가 혼백(魂魄)과 교감하고 소통함을 읽을 수 있다. 따라서 시적 화자는 '액(厄)맥이제(祭)'와 '비난수'로 한 맺혀 죽은 젊은 혼백을 달래서 저승으로 보내려는 의식을 진행하는 것이다. 이로써 액막이하는 것이다. 시적 화자가 곧 혼백이다. 이에 관해 선행 연구자의 주장을 살펴본다.

 화자를 사령으로 해석하는 방향은 "애처롭게" 잠든 "그대"는 화자의 죽음을 슬퍼해서 "애처롭게" 잠들었을 가능성이 크다. 그렇지 않다면, 화자와 언제든지 만날 거리에 있으면서 그렇게 잠든 이유를 상정하기 어렵다. 비난수가 원혼을 달래 저승으로 보내는 제차라는 점에서 "액(厄)맥이제(祭)"는 젊은 나이에 사랑을 잃고 한스럽게 죽은 화자의 넋으로부터 입을 수 있는 액을 방지하려는 의례다. 화자는 "액(厄)맥이제(祭)"에서 달래어 천도시키려는 혼백으로 보는 것이 나낭하나. 혼백인 화사는 사신의 숙음에 대한 슬픔으로 "애저놉게" 잠는 연인에 대한 안타까움으로 저승 세계에 차마 들지 못하고 연인 곁을 배회한다.
 이 시는 사랑하는 사람을 남겨 놓고 젊은 나이에 세상을 떠난 혼령을 화자로 해서 한과 그리움의 정서를 펼친다는 점에서 김소월의 다른 시들과 구별된다. 무속에서 저승으로 가지 못하고 이승을 배회하는 혼백을 원귀라 일컫는다. 이 시의 화자는 몽달귀의 성격을 지니는 것으로 보인다(위의 논문. 203쪽.).

이와 같이 「묵념」은 무속적 사생관을 배후로 사랑과 그리움, 또는 한이라는 소월 시의 주제적 국면을, 사령을 화자로 삼아 형상화하는 특이

한 형식으로 구성"(위의 논문, 204쪽.)한 것임을 읽을 수 있다. 또한, "화자의 자리를 무속의 제의 공간과 같은 곳으로 설정하면서, 제의가 진행되고 있거나, 또는 끝난 그 공간 속에서 시적 분위기를 무속의 그것과 일치시킴으로써 소월은 그의 무의식의 심층에 원형적 심상으로 자리잡은 무속적 사고의 근원적 양상을"(이몽희, 앞의 논문, 56-57쪽.) 드러낸 것임을 읽을 수 있다.

시적 화자가 '무당'이라는 주장을 읽어 본다.

   3연에서 별빛들은 '내 몸'을 하늘로 이끌고 있다. '내 몸'은 마치 비천상(飛天像)이 그러하듯, 하늘로 빨리 올라간다. 그렇다면 잠든 '그대'와 '나' 사이의 거리는 점점 더 멀어져 갈 것이다. 이승의 그대를 멀리하며 떠나는 '나'의 행위는 스스로 무당이 되어 그대의 재앙을 막기 위해 비난수를 올리는 것에 방불하다. '그대'를 살리기 위해서라면 '내 몸'은 죽어도 좋은 것이다(김만수, 앞의 책, 193쪽.).

시적 화자 '나'가 '무당'이라는 주장이다. 무당의 입을 빌려 말하는 '공수(공반)'라는 주장이다. 시란 유기체와 같은 것이라서 백 명이 읽으면 백 가지 해석이 나오기 마련이다. 이런 주장도 시 읽기의 다양성 측면에서 이해할 수 있는 문제이다.

5. 「비난수하는 맘」 읽기

'비난수'가 원혼을 달래서 저승으로 보내는 제차(祭次)임을 고려해 볼 때, 아래 인용 시에서도 죽은 자의 영혼을 부르고(呼名, 招魂), 맞이하고(迎神), 접신(接神)하고, 달래고(鎭魂), 저승으로 보내는(送神) 무속 제차(祭次)가 녹아 흐름을 읽을 수 있다.

함께 하려노라, 비난수하는 나의 맘,
모든 것을 한 짐에 묵거 가지고 가기까지,
아츰이면 이슬 마즌 바위의 붉은 줄로,
긔여오르는 해를 바라다보며, 입을 벌리고,

쩌도러라, 비난수하는 맘이어, 갈메기가치,
다만 무덤뿐이 그늘을 얼는이는, 하눌 우흘,
바다까의. 일허바린 세상의 잇다든 모든 것들은
차라리 내 몸이 죽어가서 업서진 것만도 못하건만.

쏘는 비난수하는 나의 맘, 헐버슨 산 우헤서
쎠어진 닙 타서 오르는, 낸내의 한 줄기로,
바람에 나붓기라 저녁은, 흐터진 거믜줄의
밤에 매든든 이슬은 곳다시 쩌러진다고 할지라도.

함께 하려 하노라, 오오 비난수하는 나의 맘이어,
잇다가 업서지는 세상에는
오직 날과 날이 닭소래와 함께 나라나바리며,
갓가웁는, 오오 갓가웁는 그대뿐이 내게 잇거라!

— 김소월, 「비난수하는 맘」 전문

　인용 시 「비난수하는 맘」에서 시적 화자는 '나(내)'이다. 1연의 "함께 하려노라, 비난수하는 나의 맘.", 2연의 "차라리 내 몸이 죽어가서 업서진 것만도 못하건만.", 3연의 "쏘는 비난수하는 나의 맘, 헐버슨 산 우헤서", 4연의 "함께 하려 하노라, 오오 비난수하는 나의 맘이어,"와 "갓가웁는, 오오 갓가웁는 그대뿐이 내게 잇거라!"에서 읽을 수 있다.

시적 화자는 네 개 연 모두에서 "비난수하는 맘" 혹은 "비난수하는 나의 맘"이라며 반복한다. 여기서 '비난수하다'라는 동사는 '귀신에게 소리를 내어 빌다.'라는 의미이다. 시적 화자는 귀신에게 소리를 내어 빌면서 신을 맞이하려 한다. 즉, 영신(迎神)하고자 한다. 앞에서도 언급한 바와 같이 '비난수'가 원혼을 달래서 저승으로 보내는 제차(祭次)임을 고려해 볼 때, 인용 시에서도 죽은 자의 영혼을 부르고(呼名, 招魂), 맞이하고(迎神), 접신(接神)하고, 달래고(鎭魂), 저승으로 보내는(送神) 무속 제차(祭次)가 녹아 흐른다. 접신(接神)은 없는 듯 읽힐 수도 있지만, 접신(接神) 혹은 빙의를 주장한 선행 연구를 아래와 같이 살펴본다.

> 비난수하는 나의 마음, 즉 신에게 기원하고 의지하고자 하는 화자의 마음은 죽음과 같은 고통을 온 밤내 겪고, 그 신의 상징 또는 현현으로 보이는 아침의 태양을 맞아 입을 벌리고 그 태양을 받아들여 일체가 되고자 한다. 이것은 강신무의 신병 현상과 그 과정 및 그가 갈구하는 접신의 엑스터시와 유사성이 매우 많은 무속의 원형적 사고와 일치되는 것이다(이봉희, 앞의 논문, 58쪽.).

이와 같이 1연 결행의 "긔여오르는 해를 바라다보며, 입을 벌리고,"라는 모습을 접신하는 행위로 본 것이다. 영신 뒤에 접신 혹은 빙의가 이루어졌다고 읽는다면, 시적 화자는 사령이기도 하다. 시적 화자는 '나(내)'이면서 죽은 자의 사령(死靈)이기도 하다는 점에서는 「묵념」과 닮은 점이 있다.

또한, 김만수는 『"진달래꽃" 다시 읽기』(2017)라는 단행본에서 「비난수하는 맘」이 속한 11부(고독: 「열락」, 「무덤」, 「비난수하는 맘」, 「찬저녁」, 「초혼」) 전체를 무당의 접신(接神) 단계라고 주장한다.

6. 「찬 저녁」, 「열락(悅樂)」, 「바리운 몸」 읽기

시적 화자를 중심으로 「찬 저녁」, 「열락(悅樂)」, 「바리운 몸」을 간략히 읽어 보고자 한다.

퍼르스렷한 달은, 성황당의
데군데군 허러진 담 모도리에
우둑키 걸리웟고, 바위 우의
가마귀 한 쌍, 바람에 나래를 펴라.

엉긔한 무덤들은 들먹거리며,
눈 녹아 황토(黃土) 드러난 멧기슭의,
여긔라, 거리 불빛도 써러저 나와,
집 짓고 드럿노라, 오오 가슴이어

세상은 무덤보다도 다시 멀고
눈물은 물보다 더 덥음이 업서라.
오오 기슴이이, 모닥불 피여 오르는
내 한세상, 마당짜의 가을도 갓서라.

그러나 나는, 오히려 나는
소래를 드르라, 눈석이 물어 씩어리는,
짱우헤 누엇서, 밤마다 누어,
담 모도리에 걸닌 달을 내가 쪼 봄으로.

— 김소월, 「찬 저녁」 전문

인용 시 「찬 저녁」에서 시적 화자는 '나(내)'이다. 이는 죽은 자의 사령(死靈)이다. 「묵념」처럼 사령이 시적 화자이다. 3연의 "내 한세상, 마당짜의 가을도 갓서라.", 4연의 "그러나 나는, 오히려 나는", "담 모도리에 걸닌 달을 내가 쏘 봄으로."에서 읽을 수 있다. 1연의 '성황당', 2연과 3연의 '무덤'이라는 명사만으로도 '죽음'을 다룬 시임을 읽을 수 있을 것이다.

인용 시에 대해 "비통으로 가득 찬 절창 '부르는 소리는 비껴가지만 / 하늘과 땅 사이가 너무 넓구나'라는 「초혼」의 예고편인 셈"(김만수, 앞의 책, 203쪽.)이라는 주장도 있다. 이에 동의한다.

> 어둡게 깁게 목메인 하눌
> 꿈의 품속으로서 구러나오는
> 애달피 잠 안오는 유령의 눈결
> 그림자 검은 개버드나무에
> 소다쳐 나리는 비의 줄기는
> 흘늣겨 빗기는 주문(呪文)의 소리
> 식컴은 머리채 푸러헷치고
> 아우성하면서 가시는 짜님
> 헐버슨 버레들은 꿈드릴 째,
> 흑혈(黑血)의 바다. 고목동굴(古木洞窟).
>
> 탁목조(啄木鳥)의
> 쏘아리는 소리, 쏘아리는 소리
>
> — 김소월, 「열락(悅樂)」 전문

인용 시 「열락(悅樂)」에서 시적 화자는 드러나지 않는다. 숨은 화자이다. 1연 3행의 '유령의 눈결', 6행의 '주문(呪文) 소리'라는 시어만으로도 '죽음'을 다룬 시임을 읽을 수 있을 것이다. 특히 1연 7행과 8행의 "식컴은 머리채 푸러헷치고 / 아우성하면서 가시는 짜님"에 주목해 보면, 시적 화자는 젊은 여자 유령과 교감함을 읽을 수 있다. 2연의 "탁목조(啄木鳥)의 / 쪼아리는 소리, 쪼아리는 소리"라는 시행은 그 유령이 딱따구리로 환생하였다는 의미로도 읽힌다. 딱따구리가 고목에 구멍을 파서 벌레를 쪼아먹는 형상화는 배고픔에서 벗어났다는 의미이기도 하다. 보이지 않는 유령이지만, 가청 거리에서 나무를 쪼아 벌레를 잡아먹는다.

또한, "열락의 주체는 '시커먼 머리채 풀어 헤치고 아우성하면서 가시는 따님'이다. 그런데 이 대목에서의 '따님'은 신딸로 읽을 수 있을 듯하다. 머리를 풀어 헤치고 겅중겅중 뛰는 신딸의 모습에서 우리는 귀신에 들린 무당의 고통, 열락, 망아경(忘我境)을 느낀다."(위의 책, 197쪽.)라는 주장은 접신(接神) 단계에 있음을 말한다.

인용 시는 「접동새」처럼 동물 환생 화소라고 볼 수 있다. 김소월이 「시혼(詩魂)」이라는 시론(詩論)에서 "영혼은 절대로 완전한 영원의 존재며 불변의 형성"(김용직 편저, 앞의 책, 497쪽.)이라고 강조한 것은 만물에 영혼이 깃들어 있는 것을 중요하게 다루었다는 의미이다. 이는 애니미즘(animism) 신앙과 내밀한 관련이 있음을 읽을 수 있다. 또한, 영혼은 영원의 존재로 불변하다는 것이다. 이는 영혼 불멸설(靈魂不滅說)과 깊은 관련이 있다.

꿈에 울고 니러나
들에
나와라.

들에는 소슬비

머구리는 우러라.
풀 그늘 어둡은데

뒤짐지고 짱을 보며 머뭇거림 째.

누가 반듸불 쐬여드는 수풀 속에서
"간다 잘살아라" 하며, 노래 불너라.

— 김소월, 「바리운 몸」 전문

　인용 시 「바리운 몸」은 송신시(送神詩)이다. 죽은 자를 저승으로 보내는 내용을 담은 시이다. 송신하는 자, 즉 혼백을 저승으로 보내는 자가 시적 화자이다. 혼교(魂交)하는 무당이 시적 화자이다. 시적 화자는 첫 연에서 "꿈에 울고 니너나 / 들에 / 나와라"며 명령형으로 말한다. 이는 꿈같은 생을 마감한 죽은 자의 혼백(魂魄)을 깨워 불러내는 행위이다. 혼백(魂魄)이 육신에서 벗어나게 깨워 들판으로 불러낸다. 결연에서 "'간다 잘살아라' 하며, 노래 불너라"에 주목해 보면, 혼백이 저승으로 떠날 때 "간다 잘살아라"며 산 자(남은 자, 버림받은 자, 버려진 자)에게 말을 남기게 한다. 자유롭고 홀가분하게 떠나면서 노래도 불러라고 말한다.
　여기서 '잘살아라'에 주목해 본다. 초판본에는 '잘살아라.'라고 붙여 썼다. 김소월의 시집들은 '잘 살다'라고 띄어쓰기하는 사례가 대부분이다. 이는 '부유하게 살다'라는 의미인 동사 '잘살다'가 아닌, 부사 '잘'과 동사 '살다'로 본 것이다. '잘 살다'라는 의미는 '아무 탈 없이 편하고 순조롭게 살다'이다. 문법으로나 표현 면에서 맞다. 이 글에서는 동사 '잘살아라'로 붙여 쓴다. '잘 살아라'고 띄어쓰기하면 반어법적 비아냥거림이 내포해 있다. 인용 시 읽기의 오독(誤讀)을 예방하기 위함이다.

7. 나가기

 김소월의 시집 『진달래꽃』에 수록한 시 가운데 무속성이 내재한 시를 간략하게 살펴보았다. 특히 시적 화자에 초점을 맞춰 시 「초혼(招魂)」, 「무덤」, 「묵념(默念)」, 「비난수하는 맘」, 「찬 저녁」, 「열락(悅樂)」, 「바리운 몸」을 중심으로 간략히 읽어 보았다.
 「초혼」에서 시적 화자는 '나(내)'이다. 제목 그대로 죽은 자의 혼백(魂魄)을 불러서 맞이하려 한다. 시적 화자는 '그 사람'의 이름을 부르고 부르다가 "선 채로 이 자리에 돌"이 될 것이라는 굳은 의지와 다짐도 드러낸다. 「무덤」에서 시적 화자는 '나(내)'이다. 시적 화자는 죽은 자의 혼백(魂魄), 즉 사령(死靈)의 말을 듣는다. 사령이 직접 목소리를 내어 시적 화자에게 말한다. 즉, 공창이다. 「묵념」에서도 시적 화자는 '나(내)'이다. 이는 죽은 자의 사령(死靈)이다. 즉, 사령이 시적 화자이다. 「비난수하는 맘」에서도 시적 화자는 '나(내)'이다. 시적 화자는 귀신에게 소리를 내어 빌면서 신을 맞이하려 한다. 영신 뒤에 접신 혹은 빙의가 이루어졌다고 읽는다면, 시적 화자는 사령이기도 하다. 시적 화자는 '나(내)'이면서 죽은 자의 사령(死靈)이기도 하다는 점에서는 「묵념」과 닮은 점이 있다. 「찬 저녁」에서도 시적 화자는 '나(내)'이다. 이는 죽은 자의 사령(死靈)이다. 즉, 사령이 시적 화자이다. 「열락(悅樂)」에서 시적 화자는 드러나지 않는다. 숨은 화자이다. 「바리운 몸」의 시적 화자는 송신하는 자, 즉 혼백을 저승으로 보내는 자이다. 즉, 혼교(魂交)하는 무당이 시적 화자이다.
 김소월의 시집 『진달래꽃』에는 무속성(巫俗性)이 녹아 흐르는 시편이 더 많다. 김만수는 『"진달래꽃" 다시 읽기』(2017)라는 단행본에서 127편 모두가 무당 굿의 구조와 흐름이라고 강조한다. 특히 국민 시 「진달래꽃」마저 무속의 송신시(送神詩)라는 주장이 제법 있다. 향후 더 많은 연구 결과가 쏟아지기를 기대한다.

3.
서정주와 청록파 시인의 '전설' 읽기

1. 들어가기

　시인은 시에 신화(설화. 전설. 민담)와 역사를 끌어와 과거와 현재를 잇는 새로운 정서로 재해석하여 구체화를 시도한다. 시인 개인의 과거 체험 정서와 감성에만 국한한다면 가치 없는 회상이나 전기적 진술에 그치고 만다. 더 나아가 민족 혹은 종족 공동체의 체험 정서를 보존하는 데까지 나아가더라도, 그 단계에서 머문다면 한정적이고 고정적인 연상 법칙의 지배를 받는 과거 지향적인 재생적 상상력의 산물에 그치고 만다. 여기까지는 지각과 기억에만 의존하는 재생적 상상력의 산물에 불과하다.
　진짜 시인이라면 과거와 현재의 체험 정서에만 머물지 말아야 한다. 좀 더 나아가 공동체의 체험 정서를 연상 법칙에서 벗어나 자유롭게 변용하여 미래 지향 창조적 상상력의 산물로 승화하여야 한다. 즉, 미래 지향적인 새로운 정서를, 새로운 이야기를 구체화하여 창조할 수 있어야 진짜 시인이다.
　이는 신화적 상상력을 촉발하는 근원적 문제이기도 하다. 시인은 자신의 과거뿐만 아니라, 태어나기 이전 신화와 역사까지 더듬어 올라가

거나 시간과 공간을 소환하는 재주를 발휘한다. 이 단계는 연상 법칙의 틀에서 벗어나지 못한 고정적이고 한정적인 체험 보존의 상태이다. 즉, 재생적 상상력의 단계이다. 이런 재생적 체험 정서를 자유로운 연상 작용으로 변용하여 미래 지향적으로 승화하여 새로운 정서로, 구체적인 이야기로 창조한다면 창조적 상상력의 단계이다.

신화적 상상력은 과거와 현재를 잇는 공동체 체험 정서를 단순히 보존하는 데 그치지 않는다. 미래 지향적으로 자유롭게 변용하여 승화해 나간다. "신화의 원형적 인간은 '나는 언제나 나다.'라는 동일성으로 제시된다. 이런 원형적 인간에 시인은 자신을 병합시킨다. 이것이 자아 분열과 자아 상실이 야기된 현대에 특별한 의의를 가지는 신화의 휴머니즘적 가치"(김준오, 『시론』, 문장, 1982, 297쪽.)임이 분명하다. 신화적 상상력을 발휘하는 시인은 신화의 원형적 인간과 동일성 존재임과 동시에 신화의 휴머니즘적 가치를 변용해 나가는 창조적 인간이다.

"현대문학이 신화를 원용한 것은 신화를 통해 인류의 원형적 통일성을 재발견함으로써 결국 그 결속의 원리라는 원형적 이념에 따라 기술 문명에 부수된 인간의 모든 소외 현상을 극복하려는 데 의의가 있으며 또 이런 이념의 가장 두드러진 것이 시라면 시 정신은 현대 문명인에게 단순한 미적 충격 이상의 생명력을 부여한다"(위의 책, 315쪽.).

이 글에서 생명파 대표 시인 서정주, 청록파 세 시인(조지훈, 박목월, 박두진)의 시와 산문을 중심으로 살펴보고자 한다. '서정주와 청록파 시인의 전설 읽기'라는 제목으로 읽어 보고자 한다. '서정주의 시 「신부(新婦)」 읽기', '조지훈의 시 「석문(石門)」 읽기', '박목월의 산문 「전설(傳說)」 읽기', '박두진의 시 「전설(傳說)」 읽기'라는 소제목으로 구분하여 읽어 본다.

2. 서정주의 시 「신부(新婦)」 읽기

서정주의 제6시집 『질마재 신화』(1975)에는 33편의 시를 수록했다. 이들 시편은 서정주 자신의 유년 시절을 회상함과 동시에 전통 설화와 겹쳐 놓았다. 그런데 산문체라는 측면에서 읽어 보면, 과연 시의 자격을 부여할 수 있느냐는 의문을 던질 수밖에 없다. 전설을 채집하고 채록할 때 통상적으로 줄거리만 남아 있는 파편적인 이야기는 투박할 수밖에 없듯, 그런 유형의 투박한 산문체이다. 이들 가운데 산문시라고 명명할 수 있는 시가 몇 편일까? 이런 고민이 들 수밖에 없을 정도로 산문 형식에 치중한 것이다.

여기서 『질마재 신화』의 시편 가운데 대표 자격을 갖춘 「신부」의 전문을 읽어 본다.

신부는 초록 저고리 다홍 치마로 겨우 귀밑머리만 풀리운 채 신랑하고 첫날밤을 아직 앉아 있었는데, 신랑이 그만 오줌이 급해져서 냉큼 일어나 달려가는 바람에 옷자락이 문 돌쩌귀에 걸렸습니다. 그것을 신랑은 생각이 또 급해서 제 신부가 음탕해서 그새를 못 참아서 뒤에서 손으로 잡아당기는 거라고, 그렇게만 알고 뒤도 안 돌아보고 나가 버렸습니다. 문 돌쩌귀에 걸린 옷자락이 찢어진 채로 오줌 누곤 못 쓰겠다며 달아나 버렸습니다.

그러고 나서 40년인가 50년이 지나간 뒤에 뜻밖에 딴 볼일이 생겨 이 신부네 집 옆을 지나가다가 그래도 잠시 궁금해서 신부 방문을 열고 들여다보니 신부는 귀밑머리만 풀린 첫날밤 모양 그대로 초록 저고리 다홍치마로 아직도 고스란히 앉아 있었습니다. 안쓰러운 생각이 들어 그 어깨를 가서 어루만지니 그때서야 매운 재가 되어 폭삭 내려앉아 버렸습니다. 초록 재와 다홍 재로 내려앉아 버렸습니다.

— 서정주, 「신부(新婦)」 전문

인용 시는 「신부(新婦)」의 전문이다. 긍정적으로 말하면 산문 형식의 '이야기 시'이다. 부정적으로 말하면 매우 투박한 산문체의 글이다. 주술적 이야기의 내용에 흐르는 시적 의미는 어느 정도 인정할 수 있지만, 객관성을 획득하지 못한 듯하다. 아마도 주관적 무속 신앙 요소가 짙게 흐르기 때문일 것이다. 시어의 긴장미와 행간의 긴장미 측면에서 읽어 보면, 너무 느슨한 상태이다. 또한, 역동성과 음악성을 거의 찾을 볼 수가 없다. 밋밋한 산문에 불과하다.

김준오 교수는 『질마재 신화』의 반시적 산문성과 주술성에 대한 의문을 제기했다. 그 내용을 요약하면 다음과 같다.

> 『질마재 신화』가 시의 이름을 달고서도 반시적인 산문 형태로 되어 있을 뿐만 아니라 토속적이고 주술적인 원시주의의 태도로 문명과 첨예하게 대립한다. 즉, 『질마재 신화』는 도무지 시적 긴장을 주지 못하는 '줄글'에 지나지 않는다. 주술적인 태도가 역사의 무방향성을 초래케 할 가능성이 있다(위의 책, 300쪽.).

시의 소외 현상의 극복이란 명제와 관련해서 『질마재 신화』의 산문성과 주술성이 어떤 필연성을 띠며 그 한계가 무엇인가를 밝히고자 한다. 이를 위하여 다음과 같은 몇 가지 사고의 범주를 마련했다.

첫째, 『질마재 신화』에 이야기 ― 산문을 채용한 이유는 무엇인가?

둘째, 『질마재 신화』의 산문성은 체험의 시적 변용에 있어서 어떤 문제들을 제기하는가?

셋째, 전통 설화와 접맥된 미당의 유년 세계는 현대 문명사회에 어떤 의의를 띠는가(위의 책, 300-301쪽.)?

위의 "첫째, 『질마재 신화』에 이야기 ― 산문을 채용한 이유는 무엇인가?"에 대해 서정주는 문학평론가 김주연과 대담에서 명확하게 밝혔다. 아래와 같이 『질마재 신화』의 산문성 도입의 이유를 해명했다.

> 예, 그게 말하자면 액션이거든, 액션이란 말씀야. 액션이 없으니까 독자들이 떠나가는 것 같아요. 그러니까 시에도 액션을 넣었지. 소설처럼 말이오. 어디 양식이란 걸 그런 식으로 만들어 본 것이거든……(위의 책, 301쪽.).

이와 같이 서정주는 『질마재 신화』의 시편들이 산문성인 이유를 '액션'이라고 밝혔다. 이 '액션'은 시의 소외 현상을 극복하기 위한 독자의 관심 끌기이다. 액션은 객관적인 이야기를 장치하여 이룩한다. 주관적인 이야기에서 벗어난 객관적인 이야기만이 흥미를 유발하는 법이다. 이를 나름대로 간파하고, 산문 형식의 투박한 서술을 창작 수법으로 채택한 듯하다.

김준오 교수는 시 「신부」의 내용과 시적 가치를 앞의 세 가지 의문을 풀어내는 측면에서 아래와 같이 설명했다.

> 어떤 신부의 초야와 일생이 압축적으로 극화되어 있다. 미당의 말대로 액션이 들어 있으며 이 액션은 객관적으로 흥미를 끌 수 있는 사건이다. 작중인물인 신랑과 신부는 서술자인 미당과 엄연히 구별되는 이야기의 주인공들이다. 즉 인물과 작자와의 사이에는 동일성(identity)이 없거나 적어도 그렇게 느낄 수 있다. 이런 작중인물(characters)을 '탈(persona)'이라고 흔히 부른다. 이 경우 인물은 작자가 말을 하는 수단으로서의 가면이거나 또는 그 인물들이 작자와는 아무런 관련이 없으나 액션을 끝까지 연기하는 데 필요한 가면이나 유형임을 뜻한다.
>
> (……)
>
> 시에 있어서 이야기는 소위 '함축적 이야기(implied narrative)'로서 일반 산문

소설의 이야기와 구별된다. 그러나 이야기인 한, 시의 이야기도 소설과 마찬가지로 발단·전개·정점·결말로 구성되는 '이야기 삼각도(narrative triangle)'로 분석된다. 「신부」는 이런 이야기 시의 일반적 특징을 갖추고 있음은 물론이다.

그리고 서정시에서 으뜸 요소인 이미저리는 이야기 시의 경우 으뜸 요소는 아니며 자유롭지도 못하고 어디까지나 액션의 요구에 기여해야 한다. "문 돌쩌귀에 걸린 옷자락이 찢어진 채로", "신부는 귀밑머리만 풀린 첫날밤 모양 그대로", "초록 재와 다홍 재" 등은 이 작품에서 액션의 요구에 가장 효과적으로 호응하고 있는 이미저리다.

그러나 문제는 독자를 끌기 위해 도입한 액션이 동시에 시적 긴장을 주고 있느냐에 있다. 다시 말하면 「신부」를 비롯한 『질마재 신화』 시편들이 과연 시 장르로서 우리가 신뢰할 수 있느냐에 있다. 또 그것이 산문시이기 때문에 형태상으로 문제가 되는 것은 아니다. 『질마재 신화』가 시의 본질을 갖추고 있고 시로서 향수될 수 있느냐에 문제가 있는 것이다(위의 책, 302-304쪽).

이와 같이 김준오 교수는 '시적 긴장', '산문시의 형태', '시의 장르' 등을 언급하며 시의 자격에 대해 의문을 제기하였음을 알 수 있다. 서정주는 『질마재 신화』에 대해 자신이 강조한 '액션'이 '독자의 관심 끌기'를 위한 방편이라고 말한 것은 대체로 산문시라기보다는 산문임을 스스로 밝힌 것이라고 해석할 수도 있다.

서정주의 시 「신부(新婦)」의 시가 산문체로 읽히는 이유를 추가로 평가해 보면, 화자와 청자를 평면적으로 단순하게 장치했기 때문일 것이다. 이를 '이야기 시'의 특성상 소설의 시점으로 말하자면, '전지적 작가 시점'이다. 시에서 적당히 숨겨야 함에도 소설의 전지적 작자처럼 너무 드러낸 것이 문제점이다. 또한, 전설을 재해석함과 동시에 구체화를 통해 시적 변용을 시도해야 함에도 평면적이고 단순한 이야기로 풀어낸 점 때문일 것이다.

만일 「신부」를 두고 시적 운율, 음악성, 긴장미 등이 훌륭하다고 평가하는 이가 있다면, 시를 대하는 안목과 해석 능력을 의심해야 한다.

3. 조지훈의 시 「석문(石門)」 읽기

앞에서 읽어 본 서정주의 시 「신부(新婦)」와 매우 흡사한 이야기 구조를 지닌 시가 있다. 바로 조지훈의 시 「석문(石門)」이다. 조지훈의 제1시집 『풀잎 단장』(1952)에 수록한 시이다. 조지훈의 시 「석문(石門)」의 원형인 '황씨 부인당 전설'이 서정주의 시 「신부(新婦)」와 얼마나 유사한 것인지 전문을 읽어 보고자 한다. 경상북도 영양군 일월산 '황씨 부인당 전설'을 변용하여 조지훈이 서정주보다 20여 년 앞서 발표한 시이다. 서정주는 호남 지방의 질마재, 조지훈은 영남 지방의 일월산 '황씨 부인당' 전승을 채용한 점을 미루어 보면, 전국적으로 유사 전설이 전해 왔음을 알 수 있다. 일설에는 서정주의 시 「신부(新婦)」도 일월산 '황씨 부인당 전설'을 변용한 것이라는 주장이 있다. 또한, 서정주의 시 「신부(新婦)」와 조지훈의 시 「석문(石門)」과 비슷한 이야기 구조인 박목월의 산문 「전설(傳說)」도 일월산 '황씨 부인당 전설'을 변용한 것이라는 주장이 있다. 서정주의 시 「신부(新婦)」보다 10여 년 앞서 발표한 산문이다. 발표 순서를 다시 정리하면, 조지훈의 시 「석문(石門)」(1952), 박목월의 산문 「전설(傳說)」(1962), 서정주의 시 「신부(新婦)」(1975) 순이다. 이들 시와 산문에 녹아 흐르는 유사한 전설이 전국적으로 산재해 있다는 점에 주목해 본다면 신화적 상상력은 더욱 증폭할 것이다.

조지훈의 시 「석문(石門)」 전문을 아래와 같이 읽어 본다.

당신의 손끝만 스쳐도 여기 소리 없이 열릴 돌문이 있습니다 뭇사람이 조바

심치나 굳이 닫힌 이 돌문 안에는 석벽난간(石壁欄干) 열두 층계 위에 이제 검푸른 이끼가 앉았습니다.

당신이 오시는 날까지는 길이 꺼지지 않을 촛불 한 자루도 간직하였습니다 이는 당신의 그리운 얼굴이 이 희기한 불 앞에 어리울 때까지는 천년이 지나도 눈감지 않을 저의 슬픈 영혼의 모습입니다.

길숨한 속눈썹에 항시 어리우는 이 두어 방울 이슬은 무엇입니까 당신이 남긴 푸른 도포 자락으로 이 눈물을 씻으랍니까.
두 볼은 옛날 그대로 복사꽃 빛이지만 한숨에 절로 입술이 푸르러감을 어찌합니까.
몇 만 리 굽이치는 강물을 건너와 당신의 따슨 손길이 저의 흰 목덜미를 어루만질 때 그때야 저는 자취도 없이 한 줌 티끌로 사라지겠습니다 어두운 밤하늘 허공중천(虛空中天)에 바람처럼 사라지는 저의 옷자락은 눈물어린 눈이 아니고는 보지 못하오리다.

여기 돌문이 있습니다. 원한도 사모치량이면 지극한 정성에 열리지 않는 돌문이 있습니다 당신이 오셔서 다시 천년토록 앉아 기다리라고 슬픈 비바람에 낡아 가는 돌문이 있습니다.

— 조지훈, 「석문(石門)」 전문

(조지훈, 『조지훈 전집1』, 일지사, 1973, 91–92쪽.)

인용 시 조지훈의 「석문(石門)」의 화자는 '혼백(魂魄)의 입'을 대신하는 '무당의 입'이다. '무당의 입'인 일인칭 화자(현상적 화자)의 뒤에 숨은 화자(함축적 시인)는 죽은 자이다. 시인은 숨은 화자(함축적 시인)와 동일성의 존재이다. 서정주의 시 「신부(新婦)」와는 다르게 화자와 청자를 정교하게 장치했다. 또한, 전설을 재해석하여 시적 변용을 시도한 점에서 의의와 가치가 있다 할 것이다. 인용 시에서 '돌문'은 '기다림의 문', '한(恨)의 문', '원한(怨恨)의 문', '재회의 문', '용서의 문' 등을 상징한다.

인용 시 「석문(石門)」에 대해 김열규는 아래와 같이 해설한다. 이를 요약하여 읽어 본다.

    시신(屍身), 그것도 말하는 시신. 숨질 때 모습 그대로, 1천 년을 다 해도 오히려 변함없는 모습 그대로 넋두리를 외고 시신의 암울한 영상이 석벽 난간 이끼 앉은 돌층계 위에 도사리고 있음을 목도하게 된다. 그나마 촛불 앞에 희뿌연히 떠오름을 보게 된다.
    그리고 그 넋두리에는 기다림의 정과 회한과 그리고 저주가 뒤범벅임을 알아차리게 된다. 고운 정과 매운 저주의 두 극단 사이에 회한이 가득 괴어 있음을 엿보게 된다. 달리는 말고 한 자루, 연연한 촛불에 견주어진 점이 서릿발 성성한 원망으로 변신하였음을 보고 소스라치게 된다.
    살아생전에 그랬고 사후 한참도 그랬을 살뜰한 정념을 푸념하다가 어느새 사숭(邪崇)의 껍새 짙은 원망을 되뇌이는 시신의 넋두리.
    그것을 받아 옮기는 시인은 바야흐로 무당. 넋두리, 푸념, 그리고 공수를 받아서 읊조리는 큰 무당이 아닐 수 없다. 여기 시인은 단순한 서술자도 아니고 화자도 아니다. 예사 애기꾼이 아니다. 그는 사자(死者)의 소리를 듣고 또 옮기는 '혼백(魂魄)의 입'이다. 그러기에 이 작품은, 이 「석문(石門)」은 시이기에 앞서 넋두리요, 푸념이다. 시인은 호남이면 상계(上界) 점을, 영남이면 묘(墓) 점을 치고 있는 무당이요, 점장이다. 지노귀굿에서 죽은 이의 넋을 실은 무당이다.
    「석문(石門)」의 '시적 자아'는 분명하게도 일인칭 '저'로 표현되어 있다. 사자의 혼백 바로 그 자체다. 시인은 그 같은 시적 자아의 '말문'에 지나지 않는다.
    (……)
    무당은 어느 순간, 신령과 혼백의 말문이 되면서 즉흥적인 시인, 신 지핌으로 노래하는 사람이 된다. 일인칭 혼백의 사연을, '나'로 엮어지는 신령의 사설(辭說)을 절로 절로 읊조리는 노래꾼이 외면서 무당이 태어난다. 그는 노래하는 영매, 정신의 중매꾼이다. 그는 저 희랍 신화의 오르페우스가 그랬듯이 이승과 저승을 넘나드는 가인이다.

그러면서 그는 사자의 뜻을 산 자들에게 전한다. 명부(冥府) 그 어두운 세계의 웅얼이는 소리, 때로는 뜨거운 지열이 끓듯이, 때로는 세상이 온통 얼음으로 얼고 말 듯이 싸늘하게 되는 소리를 그는 이승의 사람들에게 전한다. 이 땅의 무당은 무엇보다도 그 소리에 한(恨)의 넋두리, 원의 푸념을 담아 전하여 왔다(김열규,『한국의 전설』, 중앙일보, 1980, 126-130쪽.).

이와 같이 "「석문(石門)」은 시이기에 앞서 넋두리요, 푸념이다.", "시인은 시적 자아의 '말문'에 지나지 않는다."라며 시의 가치를 평가한다. 이를 더 자세히 이해하려면 인용 시「석문(石門)」의 공간적 배경을 이해할 필요가 있다. 인용 시는 경상북도 영양군 소재 일월산의 '황씨 부인당 전설'을 모티프로 삼았다. 그곳은 조지훈의 고향이다. 그 전설의 줄거리는 아래와 같다.

옛날 일월산 아랫마을에 황씨 성을 가진 처녀가 살고 있었는데, 워낙 인물이 고와 마을의 두 젊은이가 서로 탐내어 결혼하고 싶어 했다. 황씨 처녀는 두 총각 중 한 총각에게 시집을 가게 되었다. 신혼 첫날밤 뒷간에 다녀오던 신랑은 신방(新房) 문앞에서 기겁을 하고 물러섰다. 신방 문에 칼날 그림자가 어른거렸기 때문이다. 어리석은 신랑은 앞마당의 대나무 그림자를 칼 그림자로 잘못 알고 처녀를 빼앗긴 연적(戀敵)이 앙심을 품고 자신을 죽이려고 숨어든 것이라고 생각했다. 신랑은 그 길로 뒤도 돌아보지 않고 멀리 달아나 버렸다. 이런 사실을 모르는 신부는 족두리와 원삼도 벗지 못한 채 조바심을 내며 신랑을 기다리다가 한을 품고 세상을 떠났다. 그러나 괴이하게도 처녀의 시신은 첫날밤 모습 그대로 삭을 줄을 몰랐다. 살아 있었을 때처럼 앉음새가 흐트러지지 않았고 돌부처처럼 앉아 언제나 신방을 지키는 듯했다. 한편 멀리 도망간 신랑은 외지에서 다른 처녀를 만나 장가를 들었다. 그런데 이들 부부 사이에는 아이가 생겨도 낳기만 하면 이내 죽곤 했다. 답답한 마음에 점쟁이에게 물어보니 바로 황씨 규수의 억울한 원혼 때문이라고 했다. 뒤늦게나마 지난날의 잘못을 뉘우친 신랑은 지금의 일월산 부인당 자리에 신부의 시신을 옮기고 사당을 지어 혼령을 위로했고, 그제야 신부의 시신이 홀연히 삭아 없어졌다고 한다.

— [네이버 지식백과] 일월산 황씨부인당설화[日月山黃氏夫人堂說話]
(두산백과 두피디아, 두산백과) 참조.

이와 같이 전설의 줄거리만으로 이해하기란 어려운 점이 있다. 너무 두루뭉술하고 밋밋한 서술에 불과하다. 이 전설의 등장인물을 비롯한 사건의 이야기를 구체화하여 풀어낸 김열규 교수의 「황씨 부인당(黃氏 夫人堂) 전설」 전문을 아래와 같이 읽어 본다.

황씨 처녀에겐 두 사람의 총각이 있었다. 바우와 억쇠.
하지만 늘 그렇듯이 억쇠는 쓴잔을 들고 말았다.
바우가 신랑이 된 날 밤, 신방에 들자마자 신랑은 오줌이 마려웠다. 신부에게는 미처 손을 댈 틈도 없이 그는 뒷간으로 갈 수밖에……
용변을 마치자, 그는 제법 느긋해진 자신을 느낄 수 있었다. 그러나 이내 조바심쳐지는 것은 어쩔 수 없었다. 그는 뒷마당 그 한 뼘의 너비나마 뜀질했다.
그런데 이게 웬일인가.
신방 문에 칼 그림자가 얼씬하는 것이었다. 예리한 비수의 날이 촛불을 받고 있는 창호지 위에 그림자를 드리웠다가는 사라지는 것이었다.
바우는 그것을 억쇠가 신방에 들어가서는 칼을 들고 매복해 있는 것이라고 짐작했다. 억쇠의 우람한 힘, 그리고 그 깊은 앙심을 생각하고는 소름이 끼쳤다. 대결해 볼 염이 나지 않았다. 바우는 그대로 줄행랑을 놓았다.

실은, 비수 그림자는 대나뭇잎 그림자였다. 담결에 심은 대나뭇잎이 바람에 설레면서 던진 그림자였으나, 바우는 그걸 깨달을 길이 없었다.

신부는 원삼을 여전히 입고 족두리 쓴채 앉아서 기다림 일변도였으나 바우는 새 장가를 들어 세월이 흘러갔다.

한데, 바우는 아기를 낳은 족족 잃었다. 잇달아 숨져 갔다. 이상한 일이었다.

한 동네의 무당은 참 용했다. 그것이 원한 때문이라고 했다. 벌을 받은 일이라고 했다. 바우가 두고서 달아난 애꿎은 신부의 넋이 해코지한다고 했다.

바우는 그 길로 옛 신방으로 달려갔다. 닫힌 신방 문을 열었다. 신부는 앉음새 하나 흩트리지 않고 첫날밤 그대로의 모습을 그냥 지닌 채 앉아 있었다. 원삼에 족두리마저 입고 쓴 채였다. 연지 곤지 찍은 그대로 살아 있는 듯이 앉아 있었다.

몇 날 며칠 참회하며 울고 새운 바우에게 신부는 또 다른 무당을 통해 입을 열었다. 그녀를 옮겨 일월산 높으나 높은 상상봉 그 꼭대기에 모셔 달라고……

바우는 앉은 모습의 신부를 업고는 일월산에 올랐다. 정상에서 흘러 능선이 작게 에도는 곳, 조금은 패어서 아늑한 터에 당집을 짓고 그리고는 신주처럼 신부를 모셨다.

그렇게 모신 바로 그 순간 그때, 족두리, 원삼, 연지, 곤지 그냥 그대로 앉음새 하나 흩트리지 않았던 모습은 오간 데 없이 한 줌 재로 삭아져 내리는 것이었다.

신부는 그래서 산신이 되었다. 일월산 황씨 부인이라 일컬어졌다. 근처 동네 사람들은 황씨 부인당에 지금도 치성을 바치고 있다(김열규, 앞의 책, 134-136쪽.).

이처럼 서정주의 「신부(新婦)」와 조지훈의 「석문(石門)」의 원형인 '황씨 부인당 전설'이 얼마나 유사한지 비교할 수 있다. 김열규는 이 두 작품의 공통 줄거리를 세 가지로 다음과 같이 요약하였다. "① 신랑이 신부를 정당 사유라기보다는 곡해 때문에 버리고 달아났다. ② 신부는 신랑을 기다리다 숨이 졌으되 몇 십 년 동안이나 시신이 삭지 않았다. ③ 신랑이 다시 찾아왔을 때 겨우 시신은 재로 풀렸다"(위의 책, 139쪽.).

4. 박목월의 산문 「전설(傳說)」 읽기

앞에서 서정주의 시 「신부(新婦)」와 조지훈의 시 「석문(石門)」의 원형인 '황씨 부인당 전설'이 매우 유사한 이야기 구조임을 읽어 보았다. 박목월은 동화의 대화문 형식으로 유사한 이야기를 산문에 담았다. 어릴 적에 들은 전설을 재해석하여 변용을 시도한 점에서 의의와 가치가 있다. 이를 읽어 본다.

옛날에……
하고, 할머니는 어린 손자의 머리를 쓰다듬으며 말했다.
– 한 선비가 과거에 응시하려고 서울로 가는 중도에 날이 저물었다. 비는 뿌리고. 오막집 앞에 이르러, 주인을 찾으니, 주인은 과년한 낭자. 아무리 혼자 사는 집이지만, 날 궂은 일모(日暮)에 찾아든 과객을 돌려보낼 수는 없었다.
선비는 그 집에 하룻밤을 쉬게 되고, 낭자와 인연을 맺었다. 하늘이 마련한 연분이었겠지.

– 할매 인연이 뭐꼬.
– 야는 인연이란 명주실꾸리 같은 거 아니가.

떠날 때, 선비는 과거에 급제하면 낭자를 맞아다가 백년해로(百年偕老)할 것을 굳게 약속했다. 그러나 과거에 급제하기가 쉬워야 말일세. 그렁저렁 서울서 세월만 보냈다.

— 할매, 낭자는 으짜고?
— 야는 집에서 기다리지 으째.

낭자는 기다렸다. 하루가 천년 같은 그런 날을 얼마나 기다렸는지, 그것은 할머니도 몰랐다.
드디어 선비는 과거에 급제하고 낭자를 맞으러 급히 내려왔다.

영(嶺)마루에 올라서니
천지에 넘치는 낭자의 향기……
하늘에는 그득한 낭자의 눈매
하늘과 땅에는 출렁이는 낭자의 말씨.

대문 앞에 이르렀다.
내문이 잠겨 있났나.
대문을 부수고, 중문에 이르니, 중문이 잠겨 있었다.
중문을 부수고 안방 앞에 이르니, 안방 문도 안으로 고리가 잠겨 있었다.
문 열어라.
문 열어라.
썩은 문설주를 밀치고 보니 방안에는 곱게 빗은 머리 한가락 흩트리지 않고, 두 볼에 미소조차 먹음 채 낭자가 단정히 앉아 있었다.

— 할매.

- 야는.
- 억시기 반갑겠제.
- 반갑고 말고.

선비는 너무나 반가워
- 여보. 내가 왔소.
한마디 부르짖자, 그 자리에서 낭자는 하얗게 재가 되어 삭아 내렸다.

할머니는 이야기를 마치자, 글썽거리는 눈으로 손자를 바라보았다.
- 할매.
- ……
- 할매
- ……

할매야. 재가 됐다는게 뭐꼬?

― 박목월, 산문 「전설」에서

(박목월·김남조, 『구원의 연가』, 구문사, 1963, 261-264쪽.)

인용 산문은 박목월의 「전설(傳說)」이다. 박목월이 김남조(金南祚)와 공저로 낸 『구원의 연가』(1962)에 실었다. '사랑'을 주제로 한 시와 산문을 수록하였다. 박목월 시인은 기독교 신앙 시를 많이 발표했다. 산문 「전설(傳說)」을 발표한 이후 여러 시집을 엮을 때도 기독교 신앙과 거리가 먼 무속 관련 시를 발표한 적이 없다. 그가 남긴 시집과 그의 사후에 출판한 서문당의 『박목월 시 전집』(1984)과 민음사의 『박목월 시 전집』(2003)에 실린 시편이 그 증거이다.

인용 산문에서 할머니가 손자에게 이야기한 줄거리만 읽어 보더라도 조지훈의 시 「석문(石門)」의 원형 '황씨 부인당 전설'과 서정주의 시 「신부

(新婦)」의 이야기 구조와 유사함을 읽을 수 있다. 박목월의 산문 「전설(傳說)」은 서정주의 시 「신부(新婦)」와 조지훈의 시 「석문(石門)」의 원형인 '황씨 부인당 전설'과는 달리 "① 신랑이 신부를 정당 사유라기보다는 곡해 때문에 버리고 달아났다."라는 줄거리는 해당하지 않음을 읽을 수 있다. 그러나 세 작품 모두 "② 신부는 신랑을 기다리다 숨이 졌으되 몇 십 년 동안이나 시신이 삭지 않았다. ③ 신랑이 다시 찾아왔을 때 겨우 시신은 재로 풀렸다."라는 줄거리는 공통점임을 읽을 수 있다.

5. 박두진의 시 「전설」 읽기

청록파 박두진 시인은 기독교 신앙 시 혹은 신앙 고백 시에 천착한 점을 고려해 보면, 무속 신앙 화소를 가미한 전설과는 거리를 두었음을 간접적으로 파악할 수 있다. 그러나 우리 전설을 채용하여 변용을 시도한 시가 있어 이를 읽어 본다.

서리 서리 능구리가 감아 오르는데
잔허리를 능구리가 감아 오르는데
가슴과 모가지와
모가지와 코밑
혓바닥이 코밑으로 널름거려 오르는데
종소리는 아직도
울지 않는데
까투리야 까투리야
나는 그 새파란
비수라도 한 자루 있어야겠다.

손아름에 비수 하나

쥐어야겠다.

— 박두진, 「전설」 전문 (박두진, 『인간밀림』, 일조사, 1963, 98-99쪽.)

 인용 시 「전설」은 박두진의 제6시집 『인간밀림』(1963)에 실려 있다. 이 시에는 우리나라 전역에 걸쳐 전해 오는 '종설화(鐘說話)' 혹은 '종소리 설화'가 녹아 흐름을 읽을 수 있다. '종설화(鐘說話)' 혹은 '종소리 설화'는 은혜에 보답하려는 새에 관한 이야기가 대부분이다. 인용 시에서는 새를 구체화하여 까투리(암꿩)를 채택하였다. 이런 유형의 설화는 보은담(報恩譚) 설화라고 일컫는다. 그 가운데 '까치의 보은', '치악산(雉岳山)과 상원사(上院寺)', '선비와 까치' 설화 등이다. 먼저 설화의 예를 읽어 본다.

 어떤 한 사람이 집을 떠나서 길을 가고 있었다. 도중에 그 사람은 숫구렁이에게 죽게 된 새를 보고, 구렁이를 물리치고 새를 구해 준다. 이 일로 인해 그 사람은 그날 밤 여자로 변한 암구렁이에게 감겨 죽게 되었는데, 구렁이가 말하기를 나는 낮에 네가 죽인 구렁이의 아내라고 하며, 만약 종소리를 세 번 들려주면 살려 주겠다고 했다. 그런데 그때 종소리가 세 번 들려왔고, 구렁이는 약속대로 그 사람을 해치지 않고 사라졌다. 아침이 되자 그 사람은 종소리가 난 곳을 찾아가 보았는데 거기에는 어제 구해 준 새들이 죽어 있었다는 이야기이다.
 이 설화에서 구렁이에게 죽게 된 새를 구해 주는 주인공은 지역에 따라 선비, 한량, 포수 등으로 나타나며, 새도 까치, 꿩 등으로 나타나고 있다. 이 설화는 보은의 의미를 자신을 희생하는 새를 통해서 구현하고 있다는 점에 그 특징이 있다.

— [네이버 지식백과] 종소리설화[鐘−說話]
(한국현대문학대사전, 2004. 2. 25., 권영민)

이와 같이 '종설화(鐘說話)' 혹은 '종소리 설화'와 위의 인용 시와 겹쳐 읽어 보면, 시의 화자는 구렁이에 휘감겨 죽음의 공포에 휩싸인 상태이다. 까투리에게 베푼 일이 있어 은혜를 갚아 주기를 바랐지만(내연적 의미), 아직 종소리가 울리지 않는다. 이때 시의 화자는 "까투리야 까투리야"라며 호출한다. 그리고 "나는 그 새파란 / 비수라도 한 자루 있어야겠다. / 손아름에 비수 하나 / 쥐어야겠다."라며 말한다. '―겠―'이라는 어미는 화자의 의지를 나타내는 어미임이 분명하다. 그것도 두 번이나 반복하여 강조한다. 이는 까투리 너희의 희생을 원하지 않는다. 나에게 날카롭고 짧은 비수 한 자루만이라도 물어 와 달라며 부탁하는 것이기도 하다. 이를 삶과 겹쳐 놓고 보면, 비수 한 자루쯤은 늘 손에 쥐고 있어야 함을 말한다. 여기서 '비수'는 '단호함', '냉철함', '판단력' 등을 상징한다.

추가하여 비둘기와 구미호가 등장하는 종소리 민담(民譚) 한 편을 아래와 같이 읽어 본다.

옛날 한 아이가 서당엘 다니는데 하루는 비둘기 새끼 한 쌍이 어미를 잃고 헤매는 것을 보았다. 불쌍히 여긴 이 아이는 매일 같이 서당에 갈 때마다 조 이삭을 하나씩 갖다 먹였다. 그것을 먹으면서 크게 자란 비둘기들은 어디론지 날아가 버렸다.

그 후 어느 날 냇가에서 빨래하는 예쁜 여자를 만났는데 그 후로는 매일 만나서 그녀와 같이 놀았다. 공부도 하지 않고 매일 매일 몸이 말라가기만 했다. 이상히 여긴 글방 선생이 무슨 일이냐고 물어도 시치미를 떼고 가르쳐 주지 않았다. 그래서 하루는 글방 선생이 아이 뒤를 몰래 따라가 보니 웬 예쁜 여자와 놀고 있는데 그 여자의 치마 밑으로는 여우 꼬리가 보였다. 깜짝 놀라 집으로 달려온 선생은 다음날 그를 불러 책망하며 다음에 만나면 그 여자가 구슬을 줄 터이니 그 구슬을 삼켜 버리라고 하였다. 그러겠다고 대답은 하였으나 구슬을 삼키지도 못하고 오히려 그 여자의 꾀임에 빠져 깊은 산속으로 들어갔다. 거기에는 큰 기와집이 있었다.

　그 여자는 흰 쌀밥에 고깃국을 끓여 내오며 먹으라고 하였으나 으스스 무섭기만 하였다. 그러나 너무 배가 고파 다 먹은 후 도망갈 궁리만 하였다. 그래서 뒷간에 간다는 핑계를 대고 나가자 별안간 여자가 재주를 세 번 넘더니 꼬리가 아홉이나 달린 여우가 되었다. 그래서 그 아이를 잡아먹으려는 순간 난데없이 종소리가 들리었다. 그러자 여우는 이제 날이 밝았으니 그냥 간다면서 사라졌다. 아이는 이상히 여겨 종소리가 난 곳을 찾아가 보니 비둘기 한 쌍이 몸이 다 부서져 죽어 있었다. "날짐승도 은혜를 아는구나!" 하며 땅에 묻어 주고 집에 돌아와 잘 살았다.

　　　　　－「비둘기의 보은」 전문 (임동권, 『한국의 민담』, 서문당, 1973 재판, 106-107쪽.)

6. 나가기

　앞에서 '서정주와 청록파 시인의 전설 읽기'라는 제목 아래, '서정주의 시 「신부(新婦)」 읽기', '조지훈의 시 「석문(石門)」 읽기', '박목월의 산문 「전설(傳說)」 읽기', '박두진의 시 「전설(傳說)」 읽기'라는 소제목으로 구분하여 읽어 보았다. 시의 경우 세 작품 모두 유사한 전설을 재해석하여 시적 변용을 시도한 점에서 의의와 가치가 있다.

　서정주의 시 「신부(新婦)」와 조지훈의 시 「석문(石門)」의 원형인 '황씨 부인당 전설'은 공히 "① 신랑이 신부를 정당 사유라기보다는 곡해 때문에 버리고 달아났다. ② 신부는 신랑을 기다리다 숨이 졌으되 몇 십 년 동안이나 시신이 삭지 않았다. ③ 신랑이 다시 찾아왔을 때 겨우 시신은 제로 풀렸다."라는 세 가지 줄거리가 똑같다. 그러나 박목월의 산문 「전설(傳說)」은 ②와 ③은 똑같지만, ①과는 거리가 멀다는 점을 읽어 보았다.

특히 서정주의 「신부(新婦)」는 긍정적으로 평가하면 산문 형식의 '이야기 시'이고, 부정적으로 평가하면 투박한 산문체에 불과하다. 산문체로 읽히는 이유를 평가해 보면, 화자와 청자를 평면적으로 단순하게 장치했기 때문일 것이다. 또한, 전설을 재해석함과 동시에 구체화를 통해 시적 변용을 시도해야 함에도 평면적이고 단순한 이야기로 풀어낸 점일 것이다. 그뿐만 아니라, 주관적 무속 신앙적 요소가 짙게 흐른다. 시어의 긴장미와 행간의 긴장미 측면에서 읽어 보면, 너무 느슨한 상태이다. 또한, 역동성과 음악성을 거의 찾을 볼 수가 없다. 밋밋한 산문에 불과하다. 그 이유를 서정주는 시의 소외 현상에서 벗어나고자 '독자의 시선 끌기'를 하려는 '액션'이라고 강조하였음을 살펴보았다.

조지훈의 「석문(石門)」의 화자는 '혼백(魂魄)의 입'을 대신하는 '무당의 입'이다. '무당의 입'인 일인칭 화자(현상적 화자)의 뒤에 숨은 화자(함축적 시인)는 죽은 자이다. 시인은 숨은 화자(함축적 시인)와 동일성의 존재이다. 서정주의 시 「신부(新婦)」와는 다르게 화자와 청자를 정교하게 장치했다. 또한, 전설을 재해석하여 시적 변용을 시도한 점에서 의의와 가치가 있다.

박목월의 산문 「전설(傳說)」은 서정주의 시 「신부」와 조지훈의 시 「석문(石門)」의 원형인 '황씨 부인당 전설'과는 달리 "① 신랑이 신부를 정당 사유라기보다는 곡해 때문에 버리고 달아났다."라는 줄거리는 해당하지 않음을 읽을 수 있다. 그러나 세 작품 모두 "② 신부는 신랑을 기다리다 숨이 졌으되 몇 십 년 동안이나 시신이 삭지 않았다. ③ 신랑이 다시 찾아왔을 때 겨우 시신은 재로 풀렸다."라는 줄거리는 공통점임을 읽을 수 있다. 박목월은 동화의 대화문 형식으로 전설을 재해석하여 변용을 시도한 점에서 의의와 가치가 있다. 박목월이 기독교 신앙 시를 많이 발표한 것과 결이 다른 무속 관련 산문이다.

박두진 시인은 기독교 신앙 시 혹은 신앙 고백 시에 천착했다. 무속 신앙 화소를 가미한 전설과는 거리를 두었다. 그러함에도 '종소리 설화'를 변용하여 발표한 산문 「전설(傳說)」이 있다. 이를 간략히 읽어 보았다.

청록파와 생명파는 시적 결이 다르지만, 유사한 전설을 채용하여 변용을 시도했다는 점에 의의를 두어야 할 것이다. 특히 청록파 시인은 우리 전설을 변용하여 신화적 상상력을 자유롭게 발휘하였다는 점에서 그 가치와 의의가 있다. 서정주는 산문 형식의 투박한 서술에 그쳐 아쉬운 점이 많다.

제3부

신화적 상상력 읽기

1. 오세영의 연작시집 『무명연시(無明戀詩)』에 나타난 신화적 상상력 읽기
2. 신동엽의 아사달과 아사녀 설화를 인유한 시 읽기
3. 김춘수의 처용 설화와 성경 인유 시 읽기
4. 신동문과 박두진의 신앙 고백 시 읽기

1.
오세영의 연작시집 『무명연시(無明戀詩)』에 나타난 신화적 상상력 읽기

1. 들어가기

　오세영(吳世榮, 1942~)은 『현대문학』(1965~1968) 추천으로 등단했다. 첫 시집 『반란의 빛』(1970)을 비롯하여 『가장 어두운 날 저녁에』(1982), 『무명연시(無明戀詩)』(1986), 『불타는 물』(1988), 『사랑의 저쪽』(1990), 『꽃들은 별을 우러르며 산다』(1992), 『어리석은 헤겔』(1994), 『눈물에 어리는 하늘 그림자』(1994), 『아메리카 시편』(1997), 『벼랑의 꿈』(1999), 『적멸의 불빛』(2001), 『봄은 전쟁처럼』(2004) 등이다. 학술서로 『20세기 한국시 연구』(1989), 『상상력과 논리』(1991), 『한국현대시 분석적 읽기』(1998), 『문학과 그 이해』(2003), 『우상의 눈물』(2005) 등이다. 문학상 수상으로 소월시문학상, 정지용문학상, 만해상 문학 부문 대상, 김삿갓문학상, 공초문학상, 녹원문학상, 편운문학상, 불교문학상 등이다.
　오세영은 시인이자 시학 이론가이다. '신화적인 언어(mythos)'를 정의하면서 '설화체'와 '은유화'라는 두 가지 구현 방법을 강조하였다. 그의 주장을 아래와 같이 읽어 본다.

　모든 신화는 존재의 근원적 질문에 대한 해답인데 그것은 논증적·설명적·직접적인 언사가 아니라 비유적·직관적·암시적인 이야기이다. 우리는 이를 신화적인 언어(mythos)라 부른다.

(……)

신화 언어가 하나의 사물이며 통찰을 촉발시키는 매체라면 그것을 구현하는 방법에는 두 가지가 있을 수 있다. 소위 설화체(이야기, narrative)라 부르는 방법과 은유화(metaphoric)라 부르는 방법이다. 이 둘은 비록 언어 형식에 있어서―전자가 행동과 사건의 기술이고 후자가 짤막한 주관적 자기 고백적 진술이라는 점에서―서로 다르지만 그 본질적 기능에 있어서는 동일하다. 양자 모두 개념이나 지식 정보 따위를 직접 전달하지 않고 사물 제시를 통해 독자들을 간접적으로 깨우치기 때문이다. 그러한 의미에서 설화체도 넓은 의미로 하나의 은유라 할 수 있다. 이야기 형식을 취하고 있다고 하나 대상(세계)을 개념화하거나 설명해내지 않고 다른 사물(사건)로 대치(substitution)시킴으로써 은유의 구성에 있어서 소위 매재(보조관념, vehicle)와 본의(원관념, tenor)의 관계를 성립시키기 때문이다(오세영, 『시의 길, 시인의 길』, 시와시학사, 20002, 138-140쪽.).

'신화적인 언어(mythos)'는 직접적인 정서 표현이 아닌 간접적인 정서 표현이다. 즉, 비유적·직관적·암시적인 간접적인 정서로 표현한다. 이런 간접적인 정서 표현으로 구현하는 방법을 '은유화(metaphoric)'라고 말한다. 다른 구현 방법인 '설화체(narrative)'도 넓은 의미에서는 '은유화(metaphoric)'의 범주에 속한다는 주장이다.

연작시집 『무명연시(無明戀詩)』(1986)는 표제에서 풍기는 바와 같이 불교 사상, 불교의 설화와 함께 불교적 세계관을 형상화하고 은유화하였음을 암시한다. 그는 이 시집에서 인간의 실존적 고뇌를 무명(無明)의 깨달음으로 극복해 나간다. 나아가 인간의 존재론적 삶을 탐구하고 발견해 나간다. 시인으로서 무명의 깨달음을 향한 탐구 정신과 더불어 존재론적 삶에 관한 시적 발견을 향해 정진해 나감을 읽을 수 있다.

무명(無明)이란, 십이 연기(十二緣起)의 하나이다. 이는 모든 번뇌의 근원이다. 번뇌와 집착으로 인해 진리를 깨닫지 못하는 마음의 상태를 이르는 말이다. 이는 진리를 보는 명견(明見)이 없다는 말이다. 즉, 미망(迷妄: 사리에 어두워 갈피를 잡지 못하고 헤맴.)이라는 뜻이다. 연시(戀詩)란, 사랑하는 사람(자연, 사물, 사상)을 그리워하면서 읊조리는 시를 이르는 말이다.

무명(無明)의 의미를 자세히 이해하려면 십이 연기(十二緣起)의 의미를 알아야 한다. 십이 연기(十二緣起)란, "범부로서의 인간의 괴로운 생존이 열두 가지 요소의 순차적인 상관관계에 의한 것임을 설명한 것. 진리에 대해 무지(無知)한 무명(無明)을 근본 원인으로 하여 행(行), 식(識), 명색(名色), 육처(六處), 촉(觸), 수(受), 애(愛), 취(取), 유(有), 생(生), 노사(老死)가 순차적으로 있게 된다고 한다."《표준국어대사전》라는 사전적 의미에 주목해 보면, 쉽게 이해할 수 있을 것이다.

이와 같이 연작시집『무명연시(無明戀詩)』 표제에서 불교적 세계관과 사랑의 연가를 형상화하고 은유화한 시편임을 알 수 있다. 이는 불교가 신을 믿는 종교가 아닌 스스로 번뇌를 깨치고 진리를 깨달아 해탈하고 열반에 이르는 깨달음의 종교임을 비유한 것이다. 이에 더불어 그리움과 사랑의 연가와 같은 실존적 삶의 부드러운 정서가 녹아 흐르는 서정시임을 암시한다. 결국, 불교의 관념과 삶의 서정이 함께 호흡하고 있음을 드러낸 것이다. 실제 수록한 시편에서 이를 읽어 낼 수 있다.

이 글은 '오세영의 연작시집『무명연시(無明戀詩)』에 나타난 신화적 상상력 읽기'라는 제목으로 읽어 본다. 이 글에서 신화적 상상력은 '불교 설화적 상상력과 무속 서사 상상력'를 함의한다. 이를 '불교 사상과 설화 읽기', '무속 서사 바리데기 읽기', '공무도하가와 빨래터 연가 읽기'로 구분하여 읽어 본다. 특히 '불교 사상과 설화 읽기'는 '불교 사상 읽기', '아사달과 아사녀 설화 읽기', '에밀레종 설화 읽기', '지귀 설화 읽기'로 구분하여 살펴보고자 한다.

2. 불교 사상과 설화 읽기

가. 불교 사상 읽기

불교 사상은 인도의 석가모니가 창시한 사상이다. 즉, 기원전 6세기경 인도의 석가모니가 창시한 종교 사상이다. 불교 사상 가운데 극히 일부인 '색수상행식(色受想行識)', 아난타(阿難陀), 아수라(阿修羅), 나후라(羅睺羅), 도솔천(兜率天)에 관해 제한적으로 세 편의 시를 읽어 본다.

잃어버린 골패짝 하나,
투전판에서
잃어버린 꽃피리 하나,

잃어버린 계집 하나,
색주가에서
잃어버린 꽃초롱 하나,

色, 想, 受, 行, 識
눈먼 지아비의 손을 붙들고,

識, 行, 受, 想, 色
눈먼 지어미의 손을 붙들고,

마른 눈썹
봄비 적시고 있다.

1. 오세영의 연작시집 『무명연시(無明戀詩)』에 나타난 신화적 상상력 읽기   89

쑥대밭에 피어나는 진달래같이,
자갈밭에 피어나는 엉겅퀴같이,

― 「8. 쑥대밭에 피어나는 진달래같이」 전문

인용 시는 3연 1행의 "色, 想, 受, 行, 識", 4연 1행의 "識, 行, 受, 想, 色"에서 강조하는 바와 같이 "불교의 '색수상행식(色受想行識)'이 녹아 흐른다. '색수상행식(色受想行識)'은 생멸·변화하는 모든 것을 구성하는 다섯 요소이다. 곧 물질인 색온(色蘊), 감각 인상인 수온(受蘊), 지각 또는 표상인 상온(想蘊), 마음의 작용인 행온(行蘊), 마음인 식온(識蘊)을 이르는 말이다.

阿難陀여 슬퍼 마라
시새운 봄바람에 지는 꽃잎을,
만나고 마침내 헤어짐을,
阿難陀여, 슬퍼 마라,
설레는 물결 위에 잠기는 것을,
눈동자에 가득히 빛나는 눈물도
한때는 별이고 바람인 것을.

― 「15. 阿難陀여」 전문

인용 시에는 아난타(阿難陀)를 호출하며 슬퍼 마란다. 아난타는 아난다(Ānanda)의 음역어이다. 아난다(Ānanda)는 석가모니의 십대 제자 가운데 한 사람이다. 십육 나한의 한 사람이다. 석가모니가 열반 후에 경전 결집에 중심 역할을 했다. 여인에게도 출가의 길을 열어 줬다.

귀를 버리고, 입을 버리고

귀를 찾아서, 입을 찾아서

악귀에 먹히며 阿修羅, 羅睺羅에 먹히려

귀를 세우고, 눈을 뜨고, 입을 벌리고,

하나의 칼을 들고 길을 걸었다.

칼을 들어 머리털을 자르고,

마침내 칼을 들어

목숨을 자르고.

―「70. 귀를 버리고 입을 버리고」전문

인용 시에는 아수라(阿修羅)와 라훌라(Rāhula)의 음역어인 나후라(羅睺 羅)를 시어로 채택했다. 아수라(阿修羅)는 팔부중(八部衆)의 하나이다. 싸우 기를 좋아하는 귀신이다. 항상 제석천(帝釋天)과 싸움을 벌인다. 팔부중 (八部衆)은 불법을 지키는 여덟 신장(神將)을 말한다. 천(天), 용(龍), 야차(夜 叉), 건달바(乾闥婆), 아수라(阿修羅), 가루라(迦樓羅), 긴나라(緊那羅), 마후라 가(摩睺羅迦)이다. 제석천(帝釋天)은 십이천의 하나이다. 수미산 꼭대기에 있는 도리천의 임금이다. 사천왕과 삼십이천을 통솔하면서 불법과 불법 에 귀의하는 사람을 보호하고 아수라의 군대를 징벌한다.

라훌라(Rāhula)는 석가모니의 십대 제자 가운데 한 사람이다. 석가모 니의 아들이다. 아버지의 권유로 출가하여 계율을 엄격히 지켜 밀행의 일인자로 불리었다. 사미(沙彌)의 시조이다. 사미(沙彌)란, 십계(十戒)를 받 고 구족계(具足戒)를 받기 위하여 수행하고 있는 어린 남자 승려(사미승, 사 미중)를 말한다.

아내가 입혀 준

옷을 벗고,

어머니가 신겨 준

신발 벗고,

알몸으로 받는 등물.

샘가에 앉아

때를 씻는다.

배꼽에 고인 麝香,

겨드랑이에 고인 인내,

살 섞어 지은 罪,

피 섞어 지은 罪,

연분홍의 조리는 곱더라.

兜率天 내리는 이슬을 받아

함빡 영그는 映山紅 꽃잎.

―「18. 원죄」 전문

　　인용 시에는 도솔천(兜率天)이 녹아 흐른다. 도솔천은 "육욕천의 넷째 하늘이다. 수미산의 꼭대기에서 12만 유순(由旬) 되는 곳에 있다. 미륵보살이 사는 곳이다. 내외(內外) 두 원(院)이 있다. 내원은 미륵보살의 정토이며, 외원은 천계 대중이 환락하는 장소이다. 또한, 인용 시 제목이 기독교 교리의 근간인 원죄(原罪, original sin)이다. 원죄는 기독교 구약성서 〈창세기〉에서 인류의 시조인 아담과 하와가 선악과를 따 먹은 죄 때문에 모든 인간이 날 때부터 가지고 있다는 죄이다. 인용 시는 불교와 기독교 교리를 바탕으로 한 남녀 간의 원초적 사랑을 형상화한 것이다.

나. 아사달과 아사녀 설화 읽기

경주 불국사의 두 탑 가운데 석가탑을 무영탑(無影塔)이라고 칭한다. 아사달과 아사녀의 설화는 경주 불국사의 무영탑(無影塔)과 영지(影池)에 관한 설화이다. 아사달과 아사녀 설화에서 아사녀의 존귀한 생명 희생이 녹아흐른다. 이는 에밀레종 설화의 생명 희생과 맥을 같이 한다. 또한, "아사달 설화는 연오랑(延烏郞)·세오녀(細烏女) 설화의 구조와 흡사하다. 연오랑·세오녀가 신라의 일월(日月)로 상징된 것처럼 아사달·아사녀는 아침 사내 아침 계집으로 일월로 상징된다"(김무조, 『신라불교설화의 원형』, 도서출판 민족문화, 1993, 381쪽.). 아사달과 아사녀 설화 관련 두 편의 시를 읽어 본다.

> 영원한 그리움을 새기고 싶거든
> 阿斯達이여,
> 너는 끌로 네 이마를
> 부숴야 한다.
> 겨울 하늘 한 마리 새를 날리듯
> 맺힌 옷고름 풀려거든,
> 네가 새기려는 것은
> 西方淨土에서 빛나는 달,
> 갈가마귀 울음으로 우는 바람,
> 그리고, 겨울로 겨울로 가라앉는 흙,
> 깨짐으로 오히려 이룬 세계를
> 존재하는 것들의 그리움을,
> 阿斯達이여,
> 이제 너는 끌로 네 이마를
> 부숴야 한다.

너는 끌로 네 형상을 깨야 한다.

—「76. 님의 형상」 전문

길은 아무 데나 있다
阿斯女야,
물로 가는 길, 불로 가는 길,
永遠으로 가는 길은 아무 데나 있다.
네가 묻는 길은
바람의 길,
또 네가 묻는 길은
안개의 길,
바람을 헤치며, 안개를 헤치며,
네가 본 것은
너의 얼굴이다.
水面 위로 떠도는 가랑잎
너를 바라보는 내 눈이다.

—「55. 영원으로 가는 길」 전문

　인용 시 「76. 님의 형상」에는 아사달(阿斯達)과 아사녀(阿斯女) 설화가 녹아 흐른다. 2행의 "아사달(阿斯達)이여,"와 13행의 "아사달(阿斯達)"에서 알 수 있다. 8행의 서방 정토(西方淨土)는 서쪽으로 십만 억의 국토를 지나면 있는 아미타불의 세계를 말한다. 즉, 서방 극락을 의미한다.
　인용 시 「55. 영원으로 가는 길」에도 아사달(阿斯達)과 아사녀(阿斯女) 설화가 녹아 흐른다. 2행의 "아사녀(阿斯女)"라는 인유에서 읽을 수 있다.
　인용 시 두 편 모두 님의 형상과 영원한 사랑이 주제이다. 아사달은 비극적 아사녀의 죽음을 초극하며 석가탑과 다보탑이라는 형상물을 남기고, 영원한 사랑을 형상화하였듯, 두 편의 인용 시도 님의 형상과 영원한 사랑을 주제로 장치했다.

아사달의 불탑 건립은 신성한 일이다. 이런 신성한 일터에 여성의 출입을 금지했음을 읽을 수 있다. 이는 '부정(不淨)을 타지 않게 하려는 믿음 때문이다. 이런 금기 뒤에는 '부정(不淨)을 씻는 희생이 뒤따른다. 인신 공희처럼 생명의 희생, 즉 죽음이 따른다. 이는 에밀레종 설화에서도 나타난다.

다. 에밀레종 설화

'에밀레종'은 신라와 경주를 상징하는 소리이자 울림이다. 신라인들의 울림의 상상이 낳은 결과물이다. 현대인에게는 풍부한 신화적 상상력을 촉발하게 하는 울림이다. 이와 관련한 한 편의 시를 읽어 본다.

> 그것은 신음 소리가
> 아니다.
> 그것은 비명 소리가
> 아니다.
> 全身으로 이름 하나 부르는
> 소리.
>
> 에밀레
> 그의 사랑도 갇히고
> 그의 미움도 갇히고
> 갇힌 하늘에서
> 飛天들이 울고
> 있다.

金屬으로 잠든

耳目口鼻.

어둠에서 깨우려고

全身으로 부르는

肉聲.

그것은 빛의 강물이

흐르는 소리.

—「25. 에밀레」 전문

 인용 시에는 에밀레종(鐘), 즉 '성덕대왕신종' 설화가 녹아 흐른다. 2연의 "에밀레 / 그의 사랑도 갇히고 / 그의 미움도 갇히고 / 갇힌 하늘에서 / 飛天들이 울고 있다."에서 이를 알 수 있다. 비천(飛天)은 하늘을 날아다니며 하계 사람과 왕래한다는 여자 선인(仙人)을 의미한다. 머리에 화만(華鬘)을 쓰고 몸에는 깃옷을 입고 있으며, 음악을 좋아한다.

 "성덕대왕신종이 에밀레종이라는 별칭을 얻게 된 것은 그 여운의 소리가 '에밀레' 같고, 그 뜻은 '에밀레라' 즉 '에미 탓으로'와 같기 때문이다"(유흥준, 『나의 문화유산답사기 1』, 창작과비평사, 1999, 189쪽.). 그 전설의 내용은 아래와 같다.

 경덕왕이 대종의 주조를 위한 성금을 모으기 위하여 전국에 시주 중을 내보냈을 때 어느 민가의 아낙네가 어린애를 안고 희롱조로 "우리 집엔 시주할 것이라고는 이 애밖에 없는데요."라며 스님을 놀렸다는 것이다. 대종이 연신 실패를 거듭하자 일관(日官)이 점을 쳐서 이것은 부정(不淨)을 탄 것이니 부정을 씻는 희생이 있어야 한다는 것이었다. 여러 갈래로 그 부정을 추정한 결과 그 아낙네 탓으로 단정되었다는 것이다. 그리하여 그 애는 "에밀레"로 되었다는 애기이다(위의 책, 189쪽.).

'성덕대왕신종'은 슬픔을 간직하고 있다. 그 슬픔이 깃들어 울림으로 변화하고, 그 울림이 우리의 정서에 잠재하여 정신적 유전자 역할을 한다. '성덕대왕신종'이라 부르는 것보다 슬픔의 대명사 '에밀레종'으로 많이 불리는 이유이다.

'에밀레종' 전설에 대해 여러 견해가 있다. 에밀레종을 만들기 위해 반강제 성금을 내야만 했던 민중의 고통으로 해석하기도 하고, 온 국민의 국가적 총력으로 설명되기도 하는데, 아기가 진짜로 희생됐다. 아니라는 엇갈린 견해가 여태껏 팽배하다. 또한, 희생됐다는 주장은 사람의 뼛속에 인(P)의 성분이 신묘하게 작용했다고 한다(위의 책, 189쪽.).

한편 희생설이 아니라는 주장은 "전설 자체가 만들어 낸 얘기일 뿐이며 아무리 사람의 인이 신묘하다 할지라도 27톤의 쇳물 속에서 그 양은 거의 없는 것과 마찬가지이고 그 쇳물은 한 가마에서 끓인 것이 아니라 도가니 100개 이상을 동시에 사용한 것이니 말도 되지 않는다는 것"(위의 책, 190쪽.)이다.

또한, "이 전설 속에서 여운이 있어서 그것을 신비롭게 생각했고 그 여운의 생김을 소릿말로 옮겨 보려 했던 당시 사람들의 모습을 중요하게 생각하고 있다. 어느 종에나 그처럼 아름다운 여운이 있었다면 이런 전설이 생기지 않았을 것이다. 그러니까 성덕대왕신종은 숱한 시행착오 속에 완성된 '밀랍형 주조'의 첫 작품이고, 신비로운 여운이 있는 종의 첫 탄생이었다"(위의 책, 190쪽.). 나아가 "에밀레종은 밀랍형으로 되어 긴 여운을 띠게 되었다. 그것은 대단히 신기한 일이었을 것이며, 좋은 종을 만든 큰 기쁨이었을 것이다. 거기에 그 여운이 신기하여 무슨 소리 같다는 둥 하던 사람들의 얘기가 '에밀레'로 결론을 내게 되었고, 나라에서는 신종(神鐘)이라는 이름을 붙이게 되었던 것이다"(위의 책, 191쪽.). 이 에밀레종의 명문에는 다음과 같은 말이 적혀 있다.

> 신종이 만들어지니 그 모습은 산처럼 우뚝하고 그 소리는 용의 읊조림 같아 위로는 지상의 끝까지 다하고, 밑으로는 땅속까지 스며들어 보는 자는 신기함을 느낄 것이요, 소리를 듣는 자는 복을 받으리라(위의 책, 191쪽.).

이 '에밀레종'이야말로 신라와 경주를 상징하는 소리, 즉 울림이라 강조하고 싶다. '천 년의 소리 혹은 천 년의 울림'과 함께 현시대에 삶을 살아가고 있다는 그 자체가 매우 감동적이다. 에밀레종은 신라인들의 울림의 상상이 낳은 결과물이다. 그 울림의 상상력이 천 년의 소리로 이어져 온다.

라. 지귀 설화 읽기

지귀는 "선덕여왕에 반해 쫓아다니는 분수를 모르는 무식한 사내로서, 선덕여왕이 절에 불공을 드리려 간 곳까지 따라와 미련하게도 낮잠이 들어 있는 것을, 선덕여왕이 팔찌를 벗어 던져 주었다는 그 설화 속의 사내"(신경림, 『삶의 진실과 시적 진실』, 전예원, 1983, 263쪽.)로 천민이다. 지귀 설화와 관련한 한 편의 시를 읽어 본다.

> 잔치는 끝나고
> 님은 떠났다.
> 이승의 그리움을 거두어 둘
> 팔찌는 어디 두고

志鬼여,

너는 熱에 들떠 있느냐,

몸살앓는 풀잎 위에

비가 내려도

눈먼 五月의 꽃들은

시들지 않는구나

애달파 마라,

빛으로 볼 수 없는 것은

어둠으로 볼 수 있나니

잃어버린 팔찌 하나

진흙밭에 버려 있다.

— 「17. 열병(熱病)」 전문

인용 시에는 지귀 설화(志鬼說話)가 녹아 흐른다. 신경림은 이 시 연작 번호를 '36'이라고 하였다. 『한국문학』(1982. 7.)에 발표할 당시에는 연작 번호가 '36'이었지만, 연작시집 『무명연시(無明戀詩)』에서는 '17'로 변경하였음을 알 수 있다. 신경림은 이 시에 대해 "지귀가 사랑에 눈이 멀어 선덕여왕이 던져 준 팔찌도 찾지 못하고 있는 것으로 들을 잡고 있는 것일까? 그리하여 그 어둠 속에서 오히려 참사랑을 찾을 수 있다고 달래고 있는 것일까? '잃어버린 팔찌 하나'는 바로 선덕여왕이 아닌 눈앞에 있는 사랑을 가리키는 것으로 읽히는 데 바로 이 시의 재미가 있기도 하다."(위의 책, 263-264쪽.)라고 해설하였다.

지귀 설화는 신라 시대의 설화이다. 지귀라는 사내는 선덕여왕을 사모했다. 『삼국유사』의 '의해 제5(義解第五) 이혜동진조(二惠同塵條)'에 기술된 내용을 살펴본다.

고강사(告剛司), 차색항삼일후취지(此索須三日後取之), 강사이언이종지(剛司異而焉從之), 과삼일선덕왕가행입사(果三日善德王駕幸入寺), 지귀심화출소기탑(志鬼心火出燒其塔)

강사에게 말하였다. "이 새끼줄을 사흘 뒤에 풀어라." 강사가 이상하게 여기면서 그 말대로 따랐더니 정말로 사흘 만에 선덕여왕의 가마가 행차하여 절에 들어왔는데, 지귀가 불을 질러서 그 탑을 태웠지만 새끼줄을 맨 곳만은 화재를 피하였다.

지귀 설화는 〈수이전(殊異傳)〉에 '심화요탑(心火繞塔)'이라는 제목으로 전하고, 〈대동운부군옥〉에도 전한다. 〈심화요탑〉을 살펴본다.

신라 선덕여왕 때 활리역에 지귀(志鬼)라는 사람이 여왕을 사모하다가 미쳐버렸다. 어느날 여왕이 분향을 위해 행차하는 길을 막다가 사람들에게 붙들린 지귀는 여왕의 배려로 여왕의 행차를 뒤따르게 되었다. 여왕이 절에서 기도를 올리고 있는 동안 지귀는 탑 아래에서 지쳐 잠이 들고 만다.

기도를 마치고 나오던 여왕은 그 광경을 보고 금팔찌를 뽑아서 지귀의 가슴에 놓고 갔다. 잠에서 깬 지귀는 금팔찌를 보고서는 가슴이 타들어가 급기야 화신(火神)이 되고 만다. 지귀가 불귀신이 되어 온 세상에 떠돌아다니자 사람들은 두려워하게 되었다. 이에 선덕여왕이 백성들에게 주문을 지어 주어 대문에 붙이게 하니, 그 후 백성들은 화재를 면하게 되었다.

이때 여왕이 지어 준 주문의 내용은 다음과 같다.

"지귀의 마음의 불이 제 몸을 태워 불귀신이 되었으매 마땅히 창해 밖에 추방하여 이제 다시 돌보지 않겠노라."

지귀 설화는 화재 예방을 위한 풍속을 사랑과 연관시켜 문학적으로 형상화한 설화 문학이다. 선덕 여왕이 주문(呪文)을 지어 불귀신[火神]의 원한을 달래어 물리치게 된 연유를 담은 풀이 기능의 설화 문학이다.

3. 무속 서사 바리데기 읽기

　장편 구비 서사〈바리공주〉는 서사 무가(敍事巫歌)이다. 서울을 비롯하여 경기도 양주, 함경남도 함흥과 홍원, 경상북도 안동과 동해안, 전라남도 광주와 나로도 등에서 채록이 이루어졌다. 한반도 전역에서 전승되어 온 것이다. 이본(異本)마다 특색이 있어 형제 수, 사건, 주제, 신직(神職) 등 차이가 있다. 예를 들면 서울본에는 아들 수가 7명, 함흥본은 12명, 경북 동해안본은 3명, 나로도본은 없다. 신직을 보면, 서울본은 무신(巫神), 안동본은 오구신, 동해안본은 직녀성, 나로도본은 오구신이다. 함남과 광주본은 신직이 없다(서대석,『한국무가의 연구』, 문학사상사, 1988, 3판, 199-254쪽 참조.).

　〈바리공주〉의 대응적인 작품은〈칠성풀이〉이다.〈바리공주〉와〈칠성풀이〉는 모두 가정의 문제라는 그릇을 빌려 그 속에 생산력의 문제를 담고 있는 무속 신화이다.〈바리공주〉에서는 성공한 부조화의 해결이〈칠성풀이〉에서는 실패한다(박종성,『구비문학, 분석과 해석의 실제』, 월인, 2002, 262쪽.). 이 설화와 관련한 한 편의 시를 읽어 본다.

　　어젯밤 꿈에는
　　바리데기 보고
　　오늘밤 꿈에는
　　허수아비 보았다

胎ㅅ줄을 끊고 우는 아가,
세상은 온통 울음뿐이다.
세상은 온통 말씀뿐이다.
젖줄에 매달려 우는 아가,

애비를 잡아먹으려고
에미를 잡아먹으려고
달 따라 三千大天 찾아온 계집
西天西域國에서 찾아온 계집.

봉창엔 참새떼 지저귀는데
거미줄에 아침 이슬 반짝이는데
아가, 우리 아가 울지 마라,
세상은 온통 웃음판이다.

어젯밤 이불에선
무장 스님 보고
오늘밤 이불에선
오구 대장 보았다.

— 「36. 아가, 우리 아가,」 전문

 인용 시에는 장편 무속 서사 〈바리데기〉가 녹아 흐른다. '바리데기(바리공주)'는 지노귀새남에서는 무당이 색동옷을 입고 모시는 젊은 여신이다. 오구굿에서는 죽은 사람의 넋을 저승에 보낼 때 무당이 부르는 노래이다. 서천서역국(西天西域國)은 인도의 옛 이름이다. 이는 불교적인 윤색이 가해진 것이다. 바리데기 설화에서 타계(他界)의 대유(代喩)이다. 피안의 세계를 말하는 것이다. 극락과 지옥이 아닌 여러 저승 중 하나이다. 무속 서사에 등장하는 서천 꽃밭과 같은 곳으로 이해하면 타당하다. 삼천대천(三千大千) 세계를 인용 시에서는 '三千大天'이라고 표기하였다. 오류는 아니다. '三千大天'이라는 표기도 흔히 사용한다.

'무장 스님(무장승)'과 '오구 대장(오구대왕)'이라는 등장인물을 살펴본다. 오구대왕은 오구물림에서 바리공주의 아버지를 이르는 말이다. 무장승은 바리공주와 결혼한다. 바리공주의 남편이다.

〈바리공주〉의 주제는 효이다. '효의 수행'이라는 행위가 죽은 자를 다시 살려내는 초월적인 것으로 구체화되었기에 바리공주가 무조신으로 좌정할 수 있었다(위의 책, 247쪽.).

바리데기가 생명수를 얻은 공간에 대해 살펴보면, 후세에서 변이(變移)가 이루어졌음을 읽을 수 있다.

> 모든 바리데기의 신화마다 생명수를 얻어 오는 곳이 시영산인 것은 아니다. 무산(巫山) 선녀들이 살고 있는 한성봉으로 불려지는 하늘 위의 세계일 때도 있고 아니면 옥황상제가 다스리고 있는 하늘 위의 세계일 때도 있다. 천상계(天上界)일 때도, 일단 큰 강물을 건너고 난 뒤, 그 천상계에 다다르게 된다. 학이나 거북 또는 선녀의 도움 없이는 건널 수도 오를 수도 없는 피안의 세계를 암시하고 있다.
> 수많은 고비의 길을 지나 만경창파의 강물을 건너고 하늘을 나르고 하고서야 비로소 도달할 수 있는 머나먼 피안의 세계다. 그곳이 바로 생명수 있는 곳이다. 도교적인 천상계나 불교적 윤색인 서천서역국(西天西域國)은 물론 후세적인 변이(變移)에 지나지 않는다(김열규, 『신화/설화』, 한국일보사, 1975, 62쪽.).

또한, 〈바리공주〉의 표면적인 의미와 더불어 그 심층에 내재하고 있는 신화적 의미를 밝혀내어 우주적이며 인간 전체의 구원으로 어떻게 의미 상승하였는지 다시금 신화적 상상력으로 해석해 본다면 의미가 있을 것이다.

바리공주를 현대적 인물과 갈등으로 재해석하여 재창조한 황석영의 장편소설 『바리데기』(창작과비평사, 2007)의 역경을 읽어 볼 필요가 있다. 주인공 '바리데기'는 두만강을 건너 북한을 탈출하여 중국과 여러 나라를 거쳐 영국으로 들어가는 험난한 역경을 겪는다. 이것은 바리공주를 현대적으로 재해석한 소설이다.

4. 공무도하가(公無渡河歌)와 빨래터 연가 읽기

〈공무도하가(公無渡河歌)〉는 성경의 요단강을 건너는 행위처럼 죽음을 상징한다. 현재까지 남아 전하는 상고시대의 노래이다. 백수(白首) 광부(狂夫) 이야기를 배경으로 한다. "고조선 때 지어져 한국 문학사상 가장 오래된 작품으로 알려졌다. 이 노래에 대한 기록이 우리나라에 처음 등장하는 것은 조선 중기의 학자 차천로가 지은 「오산설립초고」이다"(손종흠, 『고전시가 미학 강의』, 앨피, 2012, 115쪽.). 먼저 공무도하가와 관련한 한 편의 시를 읽고, 이어서 빨래터 연가와 관련한 한 편의 시를 읽어 본다.

육신으로 타고 오는
바람 소리.
잘 있거라. 잘 있거라.
해어름 나루터에 달빛 지는데
강 건너 사라지는 님의
말소리.

肉身으로 타고 오는

갈잎 소리.

잘 가거라, 잘 가거라,

세모시 옷고름엔 별빛 지는데

속눈썹 적시는 가을

빗소리.

이승은 강물과 바람뿐이다.

옷고름 스치는 바람뿐이다.

― 「85. 바람 소리」 전문

  인용 시 「바람 소리」는 사랑하는 이의 '죽음'에 대한 묘사이다. 〈공무도하가〉처럼 강물은 죽음과 이별을 상징한다. 인용 시에는 공무도하가(公無渡河歌)가 녹아 흐른다. 공무도하가는 "고조선 때의 노래. 백수(白首) 광부(狂夫)가 강을 건너다가 빠져 죽자 그의 아내가 이를 한탄하면서 불렀는데, 이를 곽리자고(霍里子高)가 듣고 그의 아내 여옥(麗玉)에게 들려주자, 여옥이 공후(箜篌)를 연주하면서 곡조를 만들어 불렀다는 기록이 중국 진(晉)나라 최표(崔豹)의 ≪고금주≫에 전한다. 작자를 여옥으로 보는 설도 있다"(《표준국어대사전》).

  인용 시는 한국 문학사상 가장 오래된 작품인 〈공무도하가(公無渡河歌)〉와 연계하여 해석할 수도 있다. '공무도하'라는 뜻은 "그대 강물을 건너지 마소서"이다. 이처럼 〈공무도하가〉에서의 '강물'은 '죽음'과 '이별'을 상징한다. 여기서 〈공무도하가〉를 읽어 보면, "그대 강물을 건너지 마소서. 그대 기어이 강물을 건너셨네. 강물에 빠져 돌아가시니, 이제 어찌하오니까(公無渡河 公竟渡河 墮河而死 當奈公何)."이다. 이것은 성서에서의 '요단강'을 건너는 행위처럼 '죽음'을 상징한다.

신경림은 앞에서 읽어 본 '지귀 설화' 관련 시(17. 열병(熱病)」)와 아래 인용 시에 대해 "모두 설화에서 그 소재를 가져온 것인 듯한데 아름답다라는 표현이 가장 걸맞는 시들이다."(신경림, 앞의 책, 263쪽.)라고 강조했다. 아래 시의 소재에 대한 설화는 언급하지 않았다. 이를 미루어 볼 때 '빨래하는 여인'과 관련한 여러 설화를 겹쳐 읽을 수 있게 열어 놓은 것이다. 왕건과 장화왕후 설화를 비롯한 전국에 분포한 빨래터 혹은 우물가의 연가와 관련한 설화일 수 있다.

물로 빨아 질거나,
님의 옷에 밴 血痕,
봄 江, 밀물에
內衣를 빤다.
올과 날으로 짜올린 情分,
흰 모시 단속곳의 연분홍 때,
달 뜨면
砂丘엔 冬柏꽃 피고
봄 江물 마른 河床 씻어 내린다.
씻겨질거나,
맨살에 남겨 놓은
님의 발자국.
서로 떠나 버린 님의
발자국.

— 「11. 연분」 전문

인용 시에 대해 신경림은 연작 번호를 '37'이라고 하였다. 『한국문학』(1982. 7.)에 발표할 당시에는 연작 번호가 '37'이었지만, 연작시집 『무명연시(無明戀詩)』에서는 '11'로 변경하였음을 알 수 있다. 신경림은 이 시에 대해 "빨래하는 여인의 연가이다. '님의 옷에'는 피가 배었고 그 대칭으로 '(나의) 맨살에'는 '님의 발자국'이 남아 있다. 세 대목으로 끊어 읽을 수 있는 이 시의 첫 대목은 봄 강 밀물에 님의 내의를 빨면서 거기 배인 혈흔을 보는 것으로 되어 있으며 마지막 대목은 맨살에 남겨진 님의 발자국을 노래하는 것으로 되어 있고, 그 사이의 둘째 대목은 주관적인 감정과 객관적인 정서를 교묘히 배합하여 독특한 정서를 만들어 내고 있다."(위의 책, 264쪽.)라고 강조하였다.

5. 나가기

앞에서 '오세영의 연작시집 『무명연시(無明戀詩)』에 나타난 신화적 상상력 읽기'라는 제목으로 읽어 보았다. 이 글에서 신화적 상상력이란 엄격하게 말하면 '불교 설화적 상상력과 무속 서사 상상력'을 함의한다. 이를 '불교 사상과 설화 읽기', '무속 서사 바리데기 읽기', '공무도하가와 빨래터 연가 읽기'로 구분하여 읽어 보았다. 특히 '불교 사상과 설화 읽기'에서는 '불교 사상 읽기', '아사달과 아사녀 설화 읽기', '에밀레종 설화 읽기', '지귀 설화 읽기'로 구분하여 살펴보았다.

이를 요약하자면, 「8. 쑥대밭에 피어나는 진달래같이」, 「15. 阿難陀여」, 「70. 귀를 버리고 입을 버리고」에 녹아 흐르는 불교 사상 가운데 극히 일부인 '색수상행식(色受想行識)', 아난타(阿難陀), 아수라(阿修羅), 나후라(羅睺羅), 도솔천(兜率天)에 관해 제한적으로 읽어 보았다. 「76. 님의 형상」, 「55. 영원으로 가는 길」에 경주 불국사의 무영탑(無影塔)과 영지(影池)에 관한 아사달과 아사녀 설화가, 「25. 에밀레」에 신라와 경주를 상징하는 소리이자 울림인 에밀레종 설화가, 「17. 열병(熱病)」에 화재 예방을 위한 풍속을 문학적으로 형상화한 지귀 설화가 숨 쉬고 있음을 읽어 보았다. 「36. 아가, 우리 아가,」에 장편 무속 서사 〈바리공주〉가, 「85. 바람 소리」에 〈공무도하가(公無渡河歌)〉의 백수(白首) 광부(狂夫) 이야기가, 「11. 연분」에 '빨래하는 여인의 연가'와 관련한 설화가 녹아 흐름을 읽어 보았다.

연작시집 『무명연시(無明戀詩)』의 시편을 통해 불교적 세계관과 사랑의 연가를 형상화하고 은유화한 시편과 더불어 설화와 무속 서사도 함께 읽어 보았다. 이들 시편이 독자의 가슴속 깊은 곳에서 오래도록 울림으로 작동하기를 바랄 뿐이다.

2. 신동엽의 아사달과 아사녀 설화를 인유한 시 읽기

1. 들어가기

신동엽(申東曄, 1930~1969)은 조선일보 신춘문예에 장시 「이야기하는 쟁기꾼의 대지」(1959)가 가작으로 입선하여 등단했다. 4.19 혁명에 참여한 학생들의 시를 엮어 『학생혁명시집』(1960)을 펴냈다. 이 시집에 「아사녀(阿斯女)」를 발표했다. 시집 『아사녀』(1963), 장편 서사시 「금강」(1967)을 출간했다. 백병동 작곡가와 함께 학생들을 위한 오페레타 「석가탑」(1968)을 상연했다.

약력에서 보는 바와 같이 신동엽의 시에서 '아사달과 아사녀 설화'가 주요 모티프임을 알 수 있다. 여러 시에 인유한 '아사달과 아사녀 설화'에 주목하여 읽어 보고자 한다. 인유(引喻)란, 신화, 전설, 고전, 역사, 성서, 고사 등에서 널리 알려진 인물, 이야기, 시구(詩句), 문장 등을 인용하여 쓰는 비유를 일컫는다. 동양에서는 고대 중국의 문헌, 서양에서는 그리스·로마 신화와 성서 등의 시와 산문을 인용하여 비유해 왔다. 이런 수사법을 인유법(引喻法)이라고 한다. 인유법(引喻法)의 사전적 의미는 "유명한 시구나 문장, 고사 따위를 끌어다가 자신을 표현하거나 보충하는 수사법."《표준국어대사전》이다.

이 글은 '신동엽의 아사달과 아사녀 설화를 인유한 시 읽기'라는 제목으로 '아사달과 아사녀 설화'를 인유한 시를 제한적으로 읽어 보고자 한다.

2. 아사달과 아사녀 설화

신동엽의 「껍데기는 가라」 3연에서 "아사달과 아사녀가 / 中立의 초례청 앞에 서서 / 부끄럼 빛내며 / 맞절할지니"라며 아사달과 아사녀 설화를 인유했다. 그는 「껍데기는 가라」뿐만 아니라, 「아사녀」, 「아사녀를 울리는 축고(祝鼓)」라는 시에서도 아사달과 아사녀 설화를 인유했다. 또한, 오페레타 〈석가탑〉도 아사달과 아사녀 설화를 인유한 작품이다.

아사달과 아사녀 설화, 즉 경주 불국사의 무영탑(無影塔)과 영지(影池) 설화는 『불국사고금창기(佛國寺古今創記)』에 자세한 이야기가 담겨 있다.

이 탑을 창건할 때 김대성은 신라의 전역에서 우수한 석공을 초치(招致)하려 했다. 그래서, 멀리 백제의 옛땅에서 아사달이라는 석공에게 이 석가탑의 창건을 맡게 하였다. 온 신라의 우수한 석공들을 제치고 이러한 중대한 일을 맡게 된 아사달은 전심전력으로 돌을 깎아 탑을 세우는 일에만 몰두하였다. 그러나 탑을 세우는 일을 그렇게 간단히 끝나지는 않았다.

한편, 그의 고향에서는 사랑하는 아내 아사녀가 살고 있었다. 아사녀는 남편의 일이 하루빨리 성취되어 기쁘게 만날 날만을 고대하며 하루하루의 외로움을 달랠 수밖에 없었다. 그러나, 세월이 흘러 몇몇 해가 바뀌도록 남편은 돌아오지 않았다. 기다리다 못한 아사녀는 남편이 일하는 불국사까지 찾아오게 되었다. 그러나, 역사(役事)가 진행되고 있는 불국사에서는 아사녀를 들여보낼 수 없었다.

천 리 길을 걸어온 아사녀는 한꺼번에 세상이 무너지는 듯한 좌절을 느꼈지만, 남편을 만나려는 그 애틋한 정성을 포기할 수는 없었다. 아사녀는 매일매일 불국사의 문 앞을 서성거리는 데 이때 문지기는 한 꾀를 내어 '여기서 얼마 떨어지지 않은 곳에 자그마한 못이 있소. 그곳은 예부터 신령스러운 곳이기 때문에 당신이 지성으로 빈다면 탑의 공사가 끝나는 대로 그 탑의 그림자가 못에 비칠 것이오. 그러면 당신의 남편도 볼 수 있지 않겠소.' 아사녀는 뛸 듯이 기뻤다. 그러다가 몇 해가 흘러가는 동안 초조한 기다림 속에 자기의 정성이 부족한 것을 탓해 보기도 했지만, 영영 탑의 그림자는 비취지 않은 채 세월만 흘렀다. 이제 그녀는 고향으로 되돌아갈 기력마저 잃고 말았다. 초조한 기다림, 그리고 허약해진 몸을 이끌고 그녀는 남편의 이름을 부르며 못에 몸을 던지고 말았다.

그 후 아사달은 각고의 인내를 거쳐 드디어 석가탑을 완성시켰다. 혼신의 기력으로 이룩된 장엄한 석가탑을 보며 그는 사랑하는 아내가 기다리는 고향으로 발길을 재촉했다. 그러나, 그는 아내가 몇 달 동안이나 자기를 찾기 위해 불국사의 문 앞을 헤매었다는 얘기와, 드디어는 자기의 그림자가 비친다는 못으로 갔다는 얘기를 듣고 뛰어갔다. 그러나, 못가의 어느 곳에도 아내의 모습은 없었다(김무조,『신라불교설화의 원형』, 도서출판 민족문화, 1993, 377-378쪽, 재인용).

이와 같이 불국사 건립에 여성의 출입을 금지하였다. 설화의 구조는 필연적으로 부정(不淨)을 씻는 희생이 뒤따른다. "아사녀의 영지 투신은 언젠가 어느 세상에 다시 태어날 것이라는 예언을 함축"(위의 책, 383쪽.)하는 설화이다. 아사녀의 죽음은 비극이다. 아사달은 이 비극을 초극하는 석가탑과 다보탑이라는 조형물을 남겨 영원한 사랑을 형상화한 것이라는 해석도 가능하게 한다.

또한, "이때는 이미 백제는 망했으나 백제의 정신 부활을 위하여 많은 백제 유민이 침략국 신라에 종사하면서도 그들의 정신만은 신라에서

나마 고고하게 견지하고 싶었던 것이다. 아사달 설화의 형성이 가시적으로는 석가탑·다보탑의 건립의 신성성에 초점을 맞추고 있는 것 같으나 그 이면에는 백제의 정신사와 접맥되어 있음을 발견한다"(위의 책, 381쪽.).

아사달과 아사녀가 백제 사람이 아니고 당(唐)나라 사람이라는 주장도 있다. 1950년대에 민속학과 국문학 저서를 남긴 최상수 교수(한국외국어대학교)가 정리한 전설을 읽어 본다.

신라의 설흔 다섯째 임금이신 경덕왕(景德王) 10년에 김대성(金大城)이 불국사(佛國寺)를 중창(重創)하였을 때, 그 절 뜰 안의 다보탑(多寶塔)과 석가탑(釋迦塔)의 역사를 시작할 적에 멀리 당(唐)나라에서 건너온 석수[石工] 한 사람이 있었다. 그 석수는 조국의 명예를 위해서도 이 석탑을 훌륭하게 만들어 놓지 않으면 아니 되었으니, 더욱 예술의 감격에 뛰는 그는 사랑하는 아내도 세월 가는 것도 잊어버리고 일심 정력으로 몸을 역사에 바치었다. 고국에 외로이 남아 있는 그 석수의 젊은 아내 아사녀(阿斯女)는 남편과 작별한 후로 여러 해 동안 아무 소식이 없음에 안타까움과 사모의 정을 어찌할 수 없어, 마침내 뜻을 결하고 남편을 찾아 신라로 건너오게 되었다. 그리하여 불국사 문 앞까지 찾아왔으나 여자는 부정하다 하여 절 문 안에 들어서는 것을 허하지 아니하였다. 그 여자는 그 까닭을 듣고 울고 말았다. 그 절 문을 지키던 사람도 가엾게 생각은 하였으나 어떻게 할 수가 없어, 그 여자에게 이르기를, "여기서 얼마 안 되는 곳에 큰 못이 있으니, 역사가 끝나면 탑의 그림자가 그 못 맑은 물에 비칠 터이니까 그때까지 기다리는 것이 좋을 것이다." 그 여자는 그가 말하는 대로 아침저녁 그 못에 가서 못 얼굴을 들여다보았다.

불국사에서 자기 아내가 찾아왔다는 소식을 당나라 석수가 들었을 때는 막 역사가 끝났을 때였다. 그는 오랜 세월의 무거운 책임에서 해방된 마음에 가벼움을 깨달은 동시에 사랑하는 아내를 생각하고 곧 못 가로 뛰어갔다. 그리하여 아무리 찾아도 사랑하는 아내는 보이지 아니하였다.

마을 사람에게 물어 보니, 그의 아내는 아무리 못 물을 들여다보아도 탑의 그림자는 비치지 아니하므로 그만 실신한 나머지 남편의 이름을 부르면서 못 가운데로 뛰어 들어가 빠져 죽고 말았다는 것이다.

이 이야기를 들은 그는 실심(失心)한 듯이 다만 못 물을 바라다보며, 사랑하는 자기 아내의 이름을 소리 높이 몇 번이나 불렀다. 그러나 대답이라고는 산울림뿐이었다. 그는 비오는 날에도 바람 부는 날에도 못가를 돌았다.

어느 날 저녁때, 그는 못가에 서 있는 나무 근처에 사랑하는 아내의 모양을 보았다.

"아! 아사녀! 아! 아사녀!"

그는 이렇게 부르면서 뛰어갔었다.

그러나 그것은 아내가 아니고 사람의 몸뚱어리만 한 바윗돌이었다. 그는 망연히 바윗돌 앞에 서 있었다. 얼마 안 가서 그 바윗돌이 아내의 모양이 되고, 그것이 또 부처님의 모양이 되었을 때, 그는 아득한 꿈에서 깨어난 자기를 그곳에서 보았다. 그리하여 부처님의 모양을 생각하면서 그 바윗돌을 새기기 시작하였다.

이리하여 이 못을 그림자 못 곧 영지(影池)라 하고, 다보탑(多寶塔)을 유영탑(有影塔), 석가탑(釋迦塔)을 무영탑(無影塔)이라 부른다고 한다. 그리고 지금 그 영지 동편에는 그때 새겼다고 하는 석불상(石佛像)이 서 있다(최상수, 『경주의 고적과 전설』, 대재각, 1954 3판, 79-81쪽.).

3. 아사달과 아사녀 설화 인유 시

가. 「껍데기는 가라」 읽기

아래 인용 시에서 '아사달과 아사녀 설화'를 인유한 3연에 주목해 본다. "아사달과 아사녀가 / 中立의 초례청 앞에 서서 / 부끄럼 빛내며 / 맞절할지니"라며 신라 시대의 불교 설화를 소환한다.

껍데기는 가라.
四月도 알맹이만 남고
껍데기는 가라.

껍데기는 가라.
東學年 곰나루의, 그 아우성만 살고
껍데기는 가라.

그리하여, 다시
껍데기는 가라.
이곳에선, 두 가슴과 그곳까지 내논
아사달과 아사녀가
中立의 초례청 앞에 서서
부끄럼 빛내며
맞절할지니

껍데기는 가라.
漢拏에서 白頭까지
향그러운 흙가슴만 남고
그, 모오든 쇠붙이는 가라.

— 신동엽, 「껍데기는 가라」 전문

인용 시에서 "중심 이미지인 '껍데기'는 역사의 부조리와 허구성의 알

레고리다. 이 중심 이미지로써 시인은 민족 주체성의 순수성을 절규하고 있다. 우리는 이 작품에서 역사를 보고 이 역사 속의 삶의 의미가 무엇인가를 알게 된다. 이렇게 알레고리를 통한 시의 가치는 삶의 가치며 윤리적 가치다"(김준오, 『시론』, 문장, 1982, 145쪽.). 또한, "'껍데기'는 진실하지 못한 인간이나 그 모든 것을 상징한 풍유적 이미지다. 이 껍데기가 이인칭의 현상적 청자 역할을 한다. 화자는 끝까지 숨은 채 청자인 껍데기에게 말을 건네는 것이 이 작품의 형식이다. 이 경우엔 청자 지향이 필연적인 것이기 때문에 화자의 어조는 명령·권고·요청의 강렬한 목소리를 띠기 마련이다"(위의 책, 210쪽.).

1연의 "4월도 알맹이만 남고"는 4.19 혁명(1960)을 의미한다. 2연의 "동학년 곰나루의, 그 아우성만 살고"는 동학 농민 운동(1894)을 의미한다. 더 자세히 말하면, 일제의 침략으로부터 국권을 수호하기 위해 2차로 봉기한 항일 무장 투쟁을 의미한다. 3연의 "아사달과 아사녀가"는 신라 시대의 아사달과 아사녀 설화를 인유하여 소환한 것이다. 4연의 "한라에서 백두까지"는 한반도의 남한과 북한을 의미한다. 그리고 "그, 모오든 쇠붙이"는 군사 대립을 의미하는 '모든 무기'라는 대유(代喩)이다. '껍데기는 가라'를 여섯 번 반복한다. 결행의 '쇠붙이는 가라.'는 '껍데기는 가라.'라는 의미로 읽힌다. 이는 '껍데기'를 '쇠붙이'로 대체한 통사 구조이다. 이를 더하면 일곱 번 반복이다. 신동엽의 장편 서사시 「금강(錦江)」의 알맹이들을 서정으로 압축한 듯 읽힌다. 시어마다 함축의 미가 드러난다. 이런 함축적인 시를 더 압축하여 주제를 살펴보면, '원초적 생명 회복'이라고 말할 수 있다.

1894년 동학농민군은 공주에서 관군과 일본군을 상대로 전쟁을 치르다 패전하였다. 더 정확하게 말하면, 공주 우금치 전투에서 패전했다. 1894년, 갑오년을 '동학년'이라고 시간성을 고유 명사화하고, 공주의 옛 지명 곰나루[熊津]의 공간성을 병치하였다. 이는 역사성, 시간성, 지역성

등의 환유이다.

여기서 인수혼구(人獸婚媾)의 곰나루 전설에 주목해 본다. 곰은 토템 신앙의 대상이다. 곰내[熊川]의 곰나루[熊津] 전설은 비극이다. 그 비극이 낳은 전설을 아래와 같이 두 편을 살펴본다.

아득한 옛날 일이다. 연미산(鷰尾山)에 큰 굴이 한 개 있었는데 암콤(암곰)이 살고 있었다. 어느날 그 곰은 금강에서 고기잡이를 하고 있던 어부를 잡아다가 굴 속에 가두고 남편으로 삼았다. 매일 맛있는 음식을 구하여다 그 남편에게 주었다. 마침 두 마리의 자식까지 낳게 되었다. 이제는 안심이 되었는지 하루는 곰이 입구를 개방한 채 외출하였다. 어부는 그 틈을 타서 달아날 수 있었다. 암콤이 돌아오다가 이것을 보고 새끼 두 마리를 내다보이며 다시 환가하기를 간청하는 것이었다. 그러나, 어부는 이를 거절하고 강을 건너 도망쳐 버렸다. 암콤은 절망한 나머지 새끼 두 마리와 더불어 금강에 투신자살하고 말았다. 이로 인하여 세상 사람들은 웅진이라고 부르게 되었다. 곰이 물에 빠져 죽은 뒤로는 풍랑이 심하고 나룻배가 전복되는 일이 잦았다. 이러한 불상사를 막기 위하여 부근에 제단을 모시고 봄, 가을로 위령제를 지낸 다음부터는 아무런 사고도 없었다는 것이다(임헌도,『한국전설대관』, 정연사, 1973. 69-71쪽.).

옛날 공주 고을에 어떤 청년이 살고 있었다. 하루는 그 고을에 있는 산에 놀러 갔다가 길을 잃고 돌아오지 못하게 되니 배도 고프고 몸도 피로하여 수없이 바위굴 속에서 쉬고 있으려니까, 한 처녀가 그 앞을 지나가므로 청년은 무심코 그 처녀를 불러 사정 이야기를 하고 먹을 것을 좀 달라고 애걸하였다. 처녀는 웃으면서 이런 산속에, 입에 맞을 것이 없다면서 곧 나가서 사슴 고기와 과일을 가져다주었다.

청년은 그 처녀의 호의에 감사하며 친절한 대우를 받으면서 하룻밤을 새우는 동안 처녀와 부부의 의를 맺어 꿈같은 며칠을 보냈다. 그러나 그녀의 집이

어딘지 의심스럽게 생각하던 어느날 우연히 여자의 뒤를 쫓아가 보니 그 여자는 갑자기 한 마리 곰으로 변해서 나무를 부수면서 사람의 뒤를 따라 개울을 건너가는 것이었다.

  청년은 이것을 보고 어떻게 겁이 나던지 "오금아, 날 살려라!" 하고 달음질쳐서 인가를 찾아 달아났다.

  조금 후에 여자로 변한 곰은 총각을 부르며 따라왔다. 큰일났다고 생각한 총각은 온 기운을 다 내어 산 아래까지 내려와 뒤돌아보니 여자는 다시 곰의 본색을 하고 쫓아왔다. 청년은 하는 수 없이 그 산 아래 금강(錦江) 물에 뛰어들었다. 곰도 역시 강물에 뛰어들었으나, 헤엄을 칠 수 없어 소리를 지르다가 마침내 빠져 죽고 말았다.

  이리하여 이곳을 '곰내[熊川]'라 부르게 되었다 한다(김열규, 『한국의 전설』, 중앙일보, 1980, 例話 44-47쪽.).

  상고 시대의 곰 토템 전설이 깃든 '동학년'의 '곰나루'를 통해 동학농민운동, 4·19 혁명, 남북의 군사 대립, 나아가 통일 갈망으로 확장해 나간다. 특히 '한라'와 '백두'는 남한과 북한을 구체적 의미로 드러낸다. 시적 화자의 중립적인 인류애 발휘에 대한 확고한 의지와 함께 인류의 '원초적 생명 회복'이라는 주제 의식이 녹아 흐르는 시임을 읽을 수 있다.

나. 「아사녀」 읽기

  아래 인용 시는 운문체와 산문체의 혼합 형식 산문시이다. 독백체와 대화체의 조화로움도 읽을 수 있다. 이는 다성적 운율과 다층적 의미로의 시적 지향임을 읽을 수 있다.

모질게도 높은 城돌
모질게도 악랄한 채찍
모질게도 음흉한 術策으로
罪없는 月給쟁이
가난한 百姓
平和한 마음을 뒤보채여 쌓더니

산에서 바다
邑에서 邑
學園에서 都市, 都市 너머 宮闕 아래,
봄따라 와자히 피어나는
꽃보래
돌팔매,

젊은 가슴
물결에 얼려
잔재주 부려쌓던 해늙은 餓鬼들은
그혀 逃亡쳐 갔구나.

― 愛人의 가슴을 뚫었지?
　아니면 祖國의 旗幅을 쏘았나?
　그것도 아니라면, 너의 아들의 學校 가는 눈동자 속에 銃알을 박았나? ―

죽지 않고 살아 있었구나
우리들의 피는 大地와 함께 숨쉬고
우리들의 눈동자는 강물과 함께 빛나 있었구나.

四月十九日, 그것은 우리들의 祖上이 우랄高原에서 풀을 뜯으며 陽달진 東南亞 하늘 고흔 半島에 移住오던 그날부터 三韓으로 百濟로 高麗로 흐르던 江물, 아름다운 치맛자락 매듭 고흔 흰허리들의 줄기가 三·一의 하늘로 솟았다가 또다시 오늘 우리들의 눈앞에 솟구쳐 오른 阿斯達 阿斯女의 몸부림, 빛나는 앙가슴과 물굽이의 燦爛한 반항이었다.

물러가라, 그렇게
쥐구멍을 찾으며
검불처럼 흩어져 歷史의 下水口 진창 속으로
흘러가버리렴아, 너는.
汚辱된 權勢 咀呪받을 이름 함께.

어느 누가 말을 것인가
太白줄기 고을고을마다 봄이 오면 피어나는
진달래 · 개나리 · 복사

알제리아 黑人村에서
카스피海 바닷가의 村아가씨 마을에서
아침 맑은 나라 거리와 거리
光化門 앞마당, 孝子洞 終點에서
怒濤처럼 일어난 이 새피 뿜는 불기둥의
抗拒……
沖天하는 自由에의 意志……

길어도 길어도 다함없는 샘물처럼

正義와 울분의 行列은

億劫을 두고 젊음쳐 뒤를 이을지어니

온갖 榮光은 햇빛과 함께,

소리치다 쓰러져간 어린 戰士의

아름다운 손등 위에 퍼부어지어라.

— 「아사녀」 전문

  인용 시에서 '아사녀'는 '아사달'과 함께 오욕의 현실에 항거하고 자유와 정의를 성취하려고 4.19 혁명에 참여했던 민중의 주체를 상징한다. '아사녀'는 '아사달'과 함께 삼한 시대, 백제, 고려의 백성들이고 배달겨레의 상징이다. 나아가 3.1 운동과 4.19 혁명의 민중 주체를 상징한다.

  인용 시는 4.19 혁명을 예찬한다. 4.19 정신의 뿌리를 3.1 운동에서부터 상고 시대까지 연결하여 신화적 상상력과 역사적 상상력으로 빚어낸 이야기 시이다. '아사달'과 '아사녀'는 민족의 결속력과 화합 정신을 상징한다. 특히 '아사녀'는 민중의 투쟁과 죽음의 결실로 회복한 조국이기도 하다. 순종적이고 전통적인 여성상에서 벗어난 성난 파도 같은 역사의 현장에 적극 참여하는 강인한 여성상이다.

다. 「아사녀의 울리는 축고(祝鼓)」 읽기

  「아사녀의 울리는 축고(祝鼓)」는 세 편의 연작시이다. '아사달과 아사녀' 설화를 인유하여 신화적 상상력, 역사적 상상력으로 확장한 장편 시이다.

1

　줄줄이 살뼈도 흘러나려 내를 이루고 怨恨 물레밭을 이랑 이뤄 만사꽃을 피웠다.
　七月의 太陽과 은나래 젓는 하늘 속으로 眞珠배기 치마폭 화사히 흩어져 가고 더위에 찌는 黃土벌, 전쟁을 불지르고 간 原生林에 한가닥 노래 길이 열려 한가한 馬車처럼 大陸이 기어 오고 있었다.

　五月의 숲속과 뻐꾸기 목 메인 보리꺼럭 傳說밭으로.
　가슴 뫼로 허리 논으로 마음 벌판으로 장마철 비바람은 흘러나리고.
　산골 물소리 만세소리 폭폭이 두 가슴 쥐어뜯으며 달팽이 장장마다 호미 세 자루 조밥 한 줌 흘려보낸 鐵道沿邊 怨憤은 千萬里 멀었다.

　구름이 가고 새봄이 와도 허기진 平野, 낙지뿌리 와 닿은 선친들의 움집뜰에 王朝ㅅ적 투가리 떼는 쏟아져 江을 이루고, 바다 밑 용트림 휘 올라 어제 우리들의 역사밭을 얼음 꽃 피운 億千萬 돌창 떼 뿌리 세워 하늘로 反亂한다.

2

　六月의 하늘로 올라 보아라
　푸른 가슴 턱 차도록 머리칼 날리며 늘메기 꿀 익는
　六月의 산으로 올라 보아라.

　六月의 하늘로 올라 보아라
　벗겨진 산골짝마다 산 열매 익고

개울 앞마다 머리 반짝이는 빛나는 彈皮의 산.

포푸라 늘어진 등성이마다

도마뱀 山洞理 끝

六月의 하늘로 올라 보아라.

바위를 굴려 보아라. 十三道 江山 가는 곳마다 매미 우는 마을. 무너진 토방 멀리 都市로 가는 반질 달은 나무 뿌리 흰 新作路를 달리어 보아라.

바위를 굴려 보아라. 고초장 땀 흘리던 순이네 北間島. 자운영 독사풀 뜯어 헛간집 이어 온 三伏, 부대끼며 군침 씰룩이던 황소 혓바닥처럼 검은 진주쌀 핏대 올린 燕山君의 自由많은 연설 소리를 들어보아라.

六月의 동산으로 올라 보아라.

콩밭마다 딩굴던 향기 진한 대가리.

八月이 오면 점심 마당 農酒통.

구슬 뿌리며 歷史마다 구멍 뚫려 쏟아져 간 아름다운 얼굴, 北夫餘 佳人들의 장삼자락 맨 몸을 생각하여 보아라.

黃眞伊 마당가 살구나무 무르익은 고렷땅, 놋거울 속을 아침저녁 드나들었을 눈매 고흔 百濟 미인들의.

지금도 飛行機를 바라보며 하늘로 가는 길가엔 고개마다 괴나리봇짐 쇠바퀴 밑으로 쏟아져 간 흰 젖가슴의 물결치는 아우성 소리를 돌어 보아라.

3

목메어 휘졌던 울창한 숲은 비젖은 빛나는 구름 밭에 휘저 오르고.

멍석딸기 무덤을 나와 찔레덤풀로 기어들은 渤海는 바위에서 성긴 숲으로 숲에서 다시 불붙는 태곳적 산불로 어울려 목숨과 팔뚝의 불붙는 천지로 타오른 그날 임진난리의 우렁찬 외침을 귀 기울여 보아라.

침을 삼키며 싱싱한 하늘로 올라 보아라.
이랑진 빨랫터 강마을마다매듭 고흔 손으로 묻어진 어여쁜 地雷의 얼굴, 新武器의 오순도순한 살림살이를 구경하여 보려므나.

六月의 동산으로 올라 보아라.
밀짚모자 깃을 추켜 이마 훔치던 京釜線 街路樹 총 메인 少女. 참쑥 뭉쳐 꿀꺽이며 鴨綠江으로 濟州島로 바다로 골짜기로 반만년 쫓기던 민텅구리 죄 없는 백성들의 터진 맨발을 생각하여 보아라.

　　귀밑머리 날리며 二月의 동산에 올라 微笑짓던 사람아. 다사로
　　와라. 우리들의 田畓만은 傷處 없이 누워 있었구나.

하여 목 마치게 바위뿌리 나무등걸 쥐어 뜯으며 뱃바닥 얼굴 가슴 닳도록 英雄스레 기어오른 산마루딕 딕마다 가슴딕 차도록 드인 東海.
구름속 꿈틀거리는 意志 굳은 봉우리마다 아우성 섞인 億千萬.
億萬年 여름날의 볏죽 지글거린 하늘 끝 억심을 謳歌하여 보아라.
　　　　　　　　　　　　　　　─「아사녀의 울리는 축고(祝鼓)」전문

연작 1의 마지막 연에서 "구름이 가고 새봄이 와도 허기진 平野,"라는 시행에서 보는 바와 같이 현실은 허기진 상태 그대로이다. '구름'은 '새봄'과 대립적이다. 나아가 '땅'과 '하늘' 사이에서 중간적 혹은 중립적인 매개물이다. 구름의 역할에 따라 땅과 하늘을 갈라놓기도 하고, 연결하

기도 한다. '구름'은 비극적 현실의 모순과 갈등을 반영한 매개물이다. 이에 '왕조'의 역사를 타파해야 함을 말한다. 얼음마저 꽃을 피울 정도의 새로운 역사 창출을 추구해야 함을 형상화한 것이다.

　연작 2의 마지막 두 연에 주목해 본다. 리얼리즘은 철저히 객관적이고, 구체적인 현실 인식을 바탕으로 한다. 올바른 역사의식은 객관적이어야 한다. 인용 시에서는 매우 주관적이다. 이는 현실 참여적 시의 한계이기도 하다. 신동엽은 인용 시에서 현재에서 과거를 바라보는 주관적이면서 관념적 상상에 치중한 듯하다. 후고구려의 장수들이 민족적 화해에 앞장섰던 역사적 실체, 북부여 가인과 백제의 미인들이 겪은 고통과 비애에 대한 역사적 실체를 어떻게 입증할 수 있을까. 이는 입증할 수 없는 주관적이면서도 관념적 상상으로 읽힌다.

라. 오페레타 「석가탑」 읽기

　　등장인물

　　아사녀
　　아사달
　　수리공주 : 아사달을 좋아하는 공주
　　도미장군 : 수리공주를 짝사랑하고 있음.
　　맹꽁이 : 도미장군의 시종
　　비　녀 : 수리공주의 시녀
　　왕
　　왕　비
　　주　지 : 불국사 주지
　　마래 · 나리 : 아사녀의 시녀

거머쇠 · 도끼 : 불국사 문지기
여승 10여 명
탈춤무용수 10여 명
발레수 10여 명
마을처녀
마을총각

제1경

무대 불국사 경내. 완성된 다보탑 멀리 산과 호수가 보인다. 下手쪽으로 약간 기운 자리에 공사중인 석가탑. 2층까지 올려졌다. 탑 아래 몇 개의 큰 돌, 탑 후면으로 돌층계가 있다. 막이 오르면서 합창. '밝고 명랑하면서도 경건하고 장중하여 불교적인 열반, 불교적인 승천에의 기쁨을 표현하는 곡'이 흘러나온다. 합창곡에 맞추어 10여 명의 여승, 승무(무용①)

합창 : (여승들, 노래① 서해 바다 달이 지니)
　　　서해 바다 달이 지니
　　　동해 반도 해가 뜨네
　　　천축 넘어 성인 가시니
　　　동방 반도 새 성인 나시네
　　　어와 공덕이시여
　　　우리들 마을마다 아기 부처님 나시네

　　　서해 바다 달이 지니
　　　동해 반도 해가 뜨네
　　　서역 만리 석가님 가시니

우리 서라벌 목탁소리 일어나네

어와 부처님이시여

우리 마을마다 부처님 웃음 피어나

(노래도 멎고 춤도 멎고, 上手에서 주지 스님 등장)

주지 우리 불국사에 상감마마께서 납십니다.

일동 황공하오이다.

(왕 · 왕비 · 수리공주 · 비녀(시녀) · 도미장군 · 맹꽁이(부하) · 그리고 從者 두서넛 등장)

왕 : 오 과연 좋은 날씨로다. 그래 그 부여 땅에서 데려온 석수장이가 깎고 있다는 탑은 어데 있소?

(생략)

— 「석가탑」 일부

오페레타 「석가탑」은 신동엽 시의 상징적 의미를 지닌 '아사달과 아사녀' 설화를 극화한 것이다. 1968년 5월 백병동(白秉東) 작곡으로 드라마센터에서 상연하였다. 이는 시가 아닌 경가극의 대본이다. 여기에 신동엽의 시 「달이 뜨거든」이 그대로 삽입해 있다.

인용 시에서 '아사달과 아사녀'는 민중 주체이다. 분단된 조국의 은유이다. 당시 한반도의 현실 상황을 꼬집은 것이다. 아사달과 아사녀의 만남을 가로막는 인물들은 수리공주(아사달을 사랑하는 공주), 도미장군(수리공주를 짝사랑함), 왕, 왕비, 불국사의 문지기인 거머쇠, 도끼 등이다. 이들은 아사달과 아사녀의 만남을 방해하므로 제거해야 할 존재이다. 이는 외세 의존적이고, 권위주의적인 국가 체제와 사회 질서에 저항하려는 의지를 반영한 것이다.

4. 나가기

 신동엽의 시에서는 '아사달과 아사녀 설화'가 주요 모티프이다. 상징적 의미를 지닌다. '신동엽의 아사달과 아사녀 설화 인유 시 읽기'라는 제목으로 '아사달과 아사녀 설화'를 읽어 보고, 이를 인유한 시를 제한적으로 읽어 보았다.
 아사달과 아사녀 설화는 신동엽의 「껍데기는 가라」 3연에 "그리하여, 다시 / 껍데기는 가라. / 이곳에선, 두 가슴과 그곳까지 내 논 / 아사달과 아사녀가 / 中立의 초례청 앞에 서서 / 부끄럼 빛내며 / 맞절할지니"라며 등장한다. 신동엽은 「껍데기는 가라」 외에도 「아사녀」, 「아사녀의 울리는 축고(祝鼓)」라는 시를 남겼다. 그뿐만 아니라 오페레타 〈석가탑〉도 아사달과 아사녀 설화를 인유한 작품임을 읽어 보았다.
 신동엽은 외세 의존적이고, 권위주의적인 국가 체제와 사회 질서에 저항하려는 의지를 '아사달과 아사녀 설화'를 끌어들였다. 신화적 상상력과 역사적 상상력에 바탕을 두고, 때로는 은유로, 때로는 상징으로, 때로는 환유로, 때로는 풍자로 다양한 운율과 다층적 의미로 표현하였음을 읽어 보았다.
 아사달과 아사녀 설화의 슬픈 사랑이 초월적 세계에서 사랑의 영원성으로 빛나길 믿어 본다. 한국인들의 마음속에서 영원히 숨 쉴 것이라고 기대도 해 본다.

3.
김춘수의 처용 설화와 성경 인유 시 읽기

1. 들어가기

　김춘수 시인은 신라 시대의 '처용(處容)'이라는 인물에 관심을 쏟았다. 소설「처용」(1963)을 발표하고, 시「잠자는 처용」(1965),「처용」(1966),「처용단장」(1966)을 발표했다. 소설「처용」은 매우 허술한 구성과 문체라서 실패한 작품으로 평가받는다. 처용 관련 시편들은 처용을 표면에 등장시키지 않고 환유, 은유, 상징, 공감각적 이미지 등으로 표현하는 순수 시를 지향하는 수법 때문에 성공적인 작품으로 인정받는다. 이는 신화적 인물을 채용하여 시화한 대표적인 예이기도 하다.
　이들 시편의 처용은『삼국유사』의「권2 기이(紀異)2 처용랑 망해사조(處容郎望海寺條)」에 등장하는 인물이다. 신라 제49대 헌강왕 때의 기인(奇人)이다. 879년에 왕이 동부를 순행할 때 기이한 생김새와 옷차림으로 나타나 가무를 하며 궁궐에 따라 들어와 급간(級干)의 벼슬을 받았다. 어느 날 아내가 역신과 동침하는 것을 보고 향가「처용가」를 지어 불러 역신을 물리쳤다. 이와 관련한 이야기가『삼국유사』에 전한다.
　김춘수는 제5시집『타령조 기타(打令調 其他)』(1969)에 성경 인유 시 여러 편을 발표했다. 시선집『처용』(1974)에는『삼국유사』에 등장하는 처용 설화를 변용한 시편을 엮었다.

이 글에서 '김춘수의 처용 설화와 성경 인유 시 읽기'라는 제목으로 읽어 보고자 한다. '처용 설화 시 읽기'와 '성경 인유 시 읽기', '시「샤갈의 눈 내리는 마을」읽기'라는 소제목으로 구분하여 읽어 본다.

2. 처용 설화 시 읽기

'처용'이라는 인물을 이해하려면 『삼국유사』의 「권2 기이(紀異)2 처용랑 망해사조(處容郎望海寺條)」를 먼저 읽어 보아야 할 것이다.

신라 제49대 헌강대왕(憲康大王) 때는 서울로부터 해변에 이르기까지 집과 담이 연이어져 있었는데, 초가집은 하나도 없었다. 풍악과 노랫소리가 길거리에 끊이지 않았으며, 바람과 비는 철마다 순조로웠다.

하루는 대왕이 개운포(開雲浦)에 나가 놀았다. 왕이 이제 막 돌아가려 하며 물가에서 쉬고 있을 때였다. 갑자기 구름과 안개가 자욱해져 길을 잃을 정도였다.

왕은 괴이하게 생각하고 측근에게 물었다. 일관(日官)이 나아가 아뢰었다.

"이것은 동해 용의 조화이옵니다. 마땅히 좋은 일을 해 주어서 이를 풀어야 될 것입니다."

이에 담당 관원에게 명하여 용을 위해 그 근처에 절을 세우게 했다. 왕의 명령이 내려지자 구름과 안개가 걷혔으므로 이 일로 말미암아 지명을 개운포(開雲浦)라 한다.

동해의 용이 기뻐하여 이에 아들 일곱을 거느리고 임금 앞에 나타나서 왕의 덕을 찬양하여 춤을 추며 음악을 연주했다. 그중 한 아들이 임금을 따라 서울에 들어가서 정사를 도왔는데, 그 이름을 처용이라 했다.

왕은 미녀를 처용에게 주어 아내를 삼게 했다. 그래서 마음을 잡아두고자 함이었다. 또한, 급간(級干)이란 관직도 주었다.

그런데 처용의 아내가 너무도 아름다워 역신(疫神)이 그를 흠모했다. 마침내 역신은 사람으로 변해서 처용의 집에 가서 몰래 그의 아내와 동침했다.

이때 밖에서 돌아온 처용은 잠자리에 두 사람이 누운 것을 보자 노래를 부르고 춤을 추면서 물러나왔다.

그 노래는 이렇다.

서울 밝은 달에
밤들어 노니다가
들어와 자리를 보니
가랑이가 넷이어라
둘은 내 것인데
둘은 뉘 것인고
본디 내 것이다마는
앗은 것을 어찌 하리이꼬.

그때 역신이 형체를 나타내어 처용의 앞에 꿇어앉았다.

"제가 공의 아내를 사모하여 지금 관계를 했는데 공은 오히려 노여운 빛을 나타내지 않으시니 감동하여 칭송하는 바입니다. 맹세코 이후로는 공의 형용을 그린 것만 보아도 그 문에 들어가지 않겠습니다."

이 일로 말미암아 나라 사람들이 처용의 형상을 문에 붙여서 사귀(邪鬼)를 물리쳐 경사를 맞이들이게 되었다.

— 일연, 「권2 기이(紀異)2 처용랑 망해사조(處容郞望海寺條)」, 『삼국유사』 (이신복 편역, 『한국의 설화』, 을유문고, 1983 7판, 176-178쪽).

김춘수의 제6시집 『처용』(1974)에 수록한 「처용」과 「처용단장 제1부 Ⅳ」를 읽어 보고자 한다.

> 人間들 속에서
> 人間들에 밟히며
> 잠을 깬다.
> 숲속에서 바다가 잠을 깨듯이
> 젊고 튼튼한 상수리나무가
> 서 있는 것을 본다.
> 남의 속도 모르는 새들이
> 금빛 깃을 치고 있다.
>
> — 김춘수, 「처용(處容)」 전문

인용 시 「처용」의 7~8행의 "남의 속도 모르는 새들이 / 금빛 깃을 치고 있다."에 주목해 보면, 이상화의 표현임을 읽을 수 있다. 이는 "미래를 향해 '이상의 날개'를 펴는 것이다. 그의 시에 이따금 나오는 상수리나무에서 나는 금빛 새들로 이미지화된다"(김현, 「김춘수와 시적 변용」, 『김춘수 시 전집』, 서문당, 1986, 394쪽.). 또한, 시적 자아의 심정과 처용의 심정을 겹쳐 놓았음을 읽을 수 있다. 약육강식의 인간 세상을 살아가면서 남의 속을 알 수만 있다면 얼마나 좋을까. 자신의 속도 제대로 알지 못하면서 어떻게 남의 속을 알 수 있겠느냐는 메시지가 담겼다. 여기서 인용 시 「처용」에 대한 김준오 교수의 해설을 읽어 본다.

신라의 설화적 인물인 처용은 김춘수가 탐구하는 시적 개성이요, 그의 마스크다. 많은 사람이 잘 알고 있다시피 처용은 아내의 간통 장면을 보고도 노래를 부르고 춤을 추면서 그 자리를 물러났다. 이 작품에서 인간과 상수리나무의 서열이 뒤바뀌어 있다. 즉 화자는 인간보다도 상수리나무에 더 가치를 느끼고 있다. "젊고 튼튼한 상수리나무가", "人間들에 밟히며 / 잠을 깬다."는 진술에서 우리는 화자의 인간에 대한 혐오감과 상수리나무에 대한 애정을 엿 볼 수 있다. 이렇게 이 시의 시점은 분명 비인간적 시점이며 이 시점에 의해서 가치의 서열이 바뀌어 실제의 살아 있는 현실과는 너무나 동떨어진 특수한 시적 세계가 형성되고 있다.

살아 있는 인간을 해체시키든 인간적 시점에 의한 가치의 서열을 역전시키든 비인간화는 현실로부터 심리적 거리를 최대로 팽창시킨 예술의 방법이다. 따라서 화자의 인간적 감정은 철저하게 배제되어 객관적 상관물을 사용한 만큼 현상적으로 화자와 진술하는 대상 사이에 확연한 거리를 둔 객관성을 느끼게 한다. 즉 화자가 대상 속에 들어가서 대상의 일부가 된 것으로 제시되지 않고 마치 화자가 작품 밖에 서서 상상적으로 독자와 똑같은 거리에서 대상을 바라보고 객관적으로 스케치하는 것 같은 내면적 거리를 느끼게 한다. 배제의 원리가 작용한 비인간화의 시에서 느끼는 이 거리의 객관성을, 그 질감은 다르지만 살아 있는 현실과 인간이 제시된 시에서도 느낄 수 있다. 미학 개념으로서의 미적 거리와 문명사회의 소외 의식이 결합되어 있는 '설화성의 시' 또는 '리얼리즘의 시'가 그 좋은 예가 된다(김준오,『시론』, 문장, 1982, 235-236쪽.).

이와 같이 김준오 교수는 "이 작품에서 인간과 상수리나무의 서열이 뒤바뀌어 있다. 즉, 인간보다도 상수리나무에 더 가치를 느끼고 있다. '젊고 튼튼한 상수리나무가', '人間들에 밟히며 / 잠을 깬다.'는 진술에서 우리는 화자의 인간에 대한 혐오감과 상수리나무에 대한 애정을 엿 볼 수 있다."라고 해석한다. 과연 이렇게 해석해도 무방할까? 오독(誤讀)이라 여겨진다. 시는 백 명이 읽으면 백 가지 해석이 나오는 법이다. 오독도 시의 묘미이고 충분히 일리가 있다. 하지만 상수리나무와 인간의 뒤바뀐 서열 문제로 해석하기보다는 1~3행, 4~6행, 7~8행의 이미지와 의미 단위로 구분하여 해석해 보면, 시간의 흐름과 함께 이미지와 의미가 명확하게 드러날 것이다. 상수리나무와 인간의 서열은 변함이 없다. 시적 자아는 1~3행에서 약육강식의 인간 세상 속 짓밟힘의 연속선상에서도 잠을 청하고 잠에서 깨어난다. 꿈속에서도 짓밟힘의 연속임을 말한다. 4~6행에서 날이 밝으면 숲속의 고요함이 바다의 파도처럼 깨어나고, 그곳엔 젊고 튼튼한 상수리나무가 당당하고 대범하게 서 있음을 관조한다. 상수리나무는 시적 자아와 동일성을 유지하는 환유이고, 바다는 의식의 표상이다. 7~8행에서 약육강식의 인간 세상을 살아가면서 남의 속을 알 수만 있다면 얼마나 좋을까. 자신의 속도 제대로 알지 못하면서 어떻게 남의 속을 알 수 있겠느냐는 메시지가 담겼다. 시적 자아의 심정과 처용의 심정을 겹쳐 놓은 것이라고 해석이 가능하다.

그렇다면 김준오 교수의 "인간에 대한 혐오감과 상수리나무에 대한 애정"이라는 해석도 오독의 결과일 수 있다. 이와 달리 약육강식의 혐오스러운 인간 세상에서 살아가는 시적 자아의 당당함과 대범함의 뒤에는 아무도 알 수 없는 속앓이가 있음을 말하는 것이라 해석할 수 있다.

눈보다도 먼저
겨울에 비가 오고 있었나.
바다는 가라앉고
바다가 있던 자리에
軍艦이 한 척 닻을 내리고 있었다.
여름에 본 물새는
죽어 있었다.
물새는 죽은 다음에도 울고 있었다.
한결 어른이 된 소리로 울고 있었다.
눈보다도 먼저

겨울에 비가 오고 있었다.

바다는 가라앉고

바다가 없는 *海岸線*을

한 사나이가 이리로 오고 있었다.

한쪽 손에 죽은 바다를 들고 있었다.

— 김춘수, 「처용단장 제1부 Ⅳ」 전문

인용 시 「처용단장 제1부 Ⅳ」는 김춘수의 시선집 『처용』(1974)에 수록했다. 먼저 「처용단장」 제1부와 제2부의 화자를 보면, '처용'이 직접 등장하지는 않는다. 화자가 처용이지만, 숨은 화자이다. 곧 시인이다. 줄곧 '바다'가 등장한다. 「처용단장」의 대부분 시에서 바다는 상징과 환유이다. 그런데 「처용단장 제1부 Ⅳ」에서 바다는 의식의 표상이다. 즉, 상징 수법으로 창작한 시이다. 인용 시 「처용단장 제1부 Ⅳ」에 대한 김준오 교수의 해설을 읽어 본다.

'사나이'란 인간이 나타나 있지만, 이 작품은 인간상 제시와는 무관하다. 그는 비인칭의, 그리고 하나의 소도구로 처리되고 있다. 그러나 여기서의 풍경은 일반 독자가 쉽게 수용할 수 있는 풍경이 아니다. "바다는 가라앉고 / 바다가 있던 자리에 / *軍艦*이 한 척 닻을 내리고 있었다."든가 한 사나이가 "한쪽 손에 죽은 바다를 들고 있었다." 등 장면이나 이미지의 연결이 논리성을 깨뜨리고 있다. 다시 말하면 철저하게 현실적 공간을 해체한 뒤에 나타나는 상상적 공간이다. 여기서 시인이 말한 무의미가 탄생한다. 그리고 그가 노린 것도 인간적 감정이 아니라 이 특수한 상상적 공간이 환기하는 비인간적 어떤 정서다. 이렇게 인간적 시점이 배제되어 있기 때문에 함축적 화자의 정체 파악은 아예 포기될 수밖에 없다. 시인이 자기 정체를 감추어 독자들이 좀처럼 포착할 수 없는 어떤 익명성(*匿名性*)의 서정 주체로 변장하는 것이 현대시의 한 경향임에는 틀림없다. 타인과 삶을 공유하지 않으려는 고립주의적 태도에서, 자기 정체를 접근할 수 없는 것으로 변용시킨 작품에서, 또는 인간성을 배제해 버린 시에서, 시인의 친근한 목소리를 기대하는 독자가 실망과 곤혹에 빠지는 것은 당연한 일이다. 시에서 창조된 시적 화자의 인격을 만나는 것이 독자가 시를 사랑하는 비밀이다. 이외에도 화자·청자·메시지 3자 간의 관계 양상의 유형들을 생각할 수 있다.

이처럼 시가 누구에게 말을 할 때도 그 청자는 작품 그 자체의 요소로 존재하는 것이며 독자가 시를 읽을 때 그는 청중의 역할을 하는 것이 아니라 작품 속의 인물이나 시인 또는 화자의 역을 하게 된다. 이것이 시인—작중인물—청중(독자) 삼자 관계를 두고 장르를 구분할 때 N. 프라이가 서정시에는 시인과 작품은 존재하지만, '청중의 존재는 숨겨져 있다.'고 한 표현대로 '엿듣게 되는 것'이다(위의 책, 212-213쪽.).

이와 같이 "시에서 창조된 시적 화자의 인격을 만나는 것이 독자가 시를 사랑하는 비밀이다.", "N. 프라이가 서정시에는 시인과 작품은 존재하지만, '청중의 존재는 숨겨져 있다.'고 한 표현대로 '엿듣게 되는 것'이다."에 주목해 보면, 시를 읽을 때 시인의 위치, 화자와 청자의 위치 등을 파악해 본다면 이해가 빠르다. '실제 시인—{함축적 시인—현상적 화자—현상적 청자—함축적 청자}—실제 독자'라는 흐름 속에 시인의 위치, 화자와 청자의 위치를 짚어 볼 필요가 있을 것이다.

3. 성경 인유 시 읽기

김춘수 시인은 극시 「대심문관」에서 "엘리엘리라마사막다니, / 그건 / 당신이 하느님을 찬미한 이승에서의 / 당신의 마지막 소리였소."라며 성경을 인유하여 패러디하였다. 이는 도스토옙스키 작품의 등장인물인 '대심문관'을 패러디한 것이기도 하다. 무신론자인 대심문관을 내세워 십자가에 못 박혀 마지막으로 내뱉은 "나의 하나님, 나의 하나님, 어찌하여 나를 버리셨나이까?"라는 예수의 말을 부각하여 제시한 패러디이다.

또한, 김춘수 시인은 『현대시학』(1975. 11. 1.)에서 "나에게 있어서는 이 세상에 시가 있다는 그 사실 자체가 구원일 수도 있다."라며 시의 종교적 기능을 강조한 바 있다. 그 대목을 읽어 본다.

> 시에서 뭔가 구원을 노래함으로써 어떤 시적 결론을 얻게 되는 그 과정이 구원이 아니라, 시를 쓴다는 어떤 과정 그 자체가 구원이고, 보다는 나에게 있어서는 이 세상에 시가 있다는 그 사실 자체가 구원일 수도 있다. 마치 하늘이 있고 아름다운 노을이 (내 의지와는 관계없이) 있다는 그 사실이 그대로 구원이 되듯이 말이다"(김춘수, 『의미와 무의미』, 문학과지성사, 1976, 23쪽).

구원의 종교인 기독교 성경을 인유하여 시를 창작하기도 한다. 제5시집 『타령조 기타(打令調 其他)』(1969)에 성경 인유 시 여러 편을 발표했다. 그 가운데 「나의 하나님」과 「막달아·마리아」를 읽어 본다.

> 사랑하는 나의 하나님, 당신은
> 늙은 비애(悲哀)다.
> 푸줏간에 걸린 커다란 살점이다.
> 시인 릴케가 만난
> 슬라브 여자(女子)의 마음속에 갈앉은
> 놋쇠 항아리다.
> 손바닥에 못을 박아 죽일 수도 없고 죽지도 않는

사랑하는 나의 하나님, 당신은 또
대낮에도 옷을 벗는 어리디어린
순결(純潔)이다.
삼월(三月)에
젊은 느릅나무 잎새에서 이는
연둣빛 바람이다.

— 김춘수, 「나의 하나님」 전문

인용 시 「나의 하나님」은 시집 『타령조 기타(打令調 其他)』(1969)에 발표했다. 김춘수 시인의 초기 시이다. 종교적 절대자인 '하나님'을 다양한 은유를 통해 시적으로 새롭게 해석한다. 이 시에서는 나의 하나님은 '늙은 비애', '푸줏간에 걸린 커다란 살점', '놋쇠 항아리', '순결', '연둣빛 바람'이라는 형상화, 즉 은유에 주목해 보면 매우 풍부한 상상력을 촉발할 것이다. 형상화의 주 도구는 은유이다. 인용 시를 통해 확연하게 읽을 수 있다.

인용 시를 존재론적 사유 측면에서 보면, "나는 누구인가?"라는 존재론적 물음이 떠오를 것이다. 이는 인간의 원초적, 근원적 사유이기도 하다. 나아가 종교적 사유 측면에서 보면, "신은 누구인가?"라는 절대자에 대한 신앙적 믿음과 구원적 사유이기도 하다. 그래서 절대자를 대하는 태도가 매우 불손하게 읽히기도 한다. 성경 인유 시로 한정하여 해석한다면 아주 제한적인 감상일 수 있다. 인유법(引喻法)은 신화, 전설, 고전, 역사, 성서, 고사 등에서 널리 알려진 인물, 이야기, 시구(詩句), 문장 등을 인용하여 비유한다는 점, 종교적 패러디도 인유로 표현하기도 한다는 점에 주목해 보면, 성경의 인유 측면에서 성경 인유 시라고 표현해도 무방할 것이다.

원관념 '하나님'에 이를 해명하는 보조관념 '늙은 비애', '푸줏간에 걸린 커다란 살점', '놋쇠 항아리'가 연결되어 있다. 그러나 이 보조관념과는 아무런 유사성을 찾아볼 수 없을 정도로 너무나 먼 거리에 있다. 그리하여 이 돌연한 결합에서 우리는 '놀람'의 시적 긴장을 느끼지 않을 수 없다. 여기서는 하나님은 우리의 일상적 의미 차원과는 다른 매우 모호하고 다양한 문제들을 제기하고 있는 기이한 것으로 변용되어 있다. 물론 이것은 보조관념들과의 결합 때문이다. 그뿐만 아니라 이 결합 속에서 보조관념들도 원형 그대로 남아 있지 않는다. 비유는 두 사물의 결합으로 새로운 문맥을 만들어 내는 형식이다. 테이트가 내포와 외연의 접두사를 제거했다는 것은 일상적 차원에서 보면 대립·모순되는 것같이 보이는, 먼 거리에 있는 두 사물을 파괴하여 새로운 제3의 의미 차원으로 변용··융합시켰다는 것이며 그 결과는 시적 긴장이 되는 것이다. 이밖에 휠라이트는 치환 은유의 한 특이한 형태로 공감각을 들었다. 앞에서 말한 것처럼 공감각도 전이의 한 양식이기 때문이다(김준오, 앞의 책, 126-127쪽.).

이와 같이 인용 시「나의 하나님」의 원관념(하나님)과 보조관념(늙은 비애, 푸줏간에 걸린 커다란 살점, 놋쇠 항아리, 순결, 연둣빛 바람) 사이는 극과 극의 먼 거리에 있는 시어들이지만, 이들의 결합은 새로운 유사성을 창출하여 시적 긴장미를 고조시킨다. 이는 시어의 긴장미, 이미지의 긴장미, 행간의 긴장미, 의미의 긴장미 등 모든 긴장미를 고조시키는 역할을 톡톡히 해낸다. 또한, 은유와 공감각적 이미지 표현 때문에 인용 시가 돋보일 수밖에 없다.

너의 눈이 奇蹟을 보았다.
그날 새삼 애기처럼 잠이 들어, 꿈속에선 웃으며 웃으며, 무엇인지 모르는 팔을 벌렸다. 손가락 끝이 가늘게 떨리었다.

눈이 뜨니 귀도 뜨이다.

새 소리 바람 소리…… 아련히 아련히도 모습인 양 하늘은 멀어지고,

물결은 굽이굽이 바다처럼 스며드는 것은……

진정코 너의 귀가 임을 들었도다.

임이 부활하시는 날, 못 박힌 팔목에사 눈물은 구슬지어 빛났으되,

너도 가슴에 못을 박고, 이어 목숨이 다하는 오롯한 순간 마냥 울며 울며 울리며 예수를 지니도다.

— 김춘수, 「막달아·마리아」 전문

'막달라 마리아(마리아 막달레나)'는 그리스도(예수)의 여제자이다. 갈릴리 호숫가에 있는 막달라 출신의 여인이다. '일곱 악령(귀신)'이 들어 예수가 귀신을 쫓아 준 후 열렬하게 예수를 따랐다(누가복음 8:2). 최초로 예수의 부활을 목격한 사람이다. 갈보리에서 십자가에 못 박힌 예수의 죽음을 지켜보고(마태복음 27:56), 향료를 가지고 무덤을 찾아와(누가복음 23:55) 최초로 빈 무덤임을 목격한다. 요한과 야곱의 어머니 마리아와 함께 부활한 예수를 만난다(누가복음 24:1~10). 또한, 가파르나움(가버나움) 거리에서 세 번이나 그리스도의 빌에 향유를 바르고 죄를 회개한 여자(누가복음 7:37~50)와 동일시하는 인물이다.

막달라 마리아는 예수가 십자가에 못 박혀 죽음에 이르고, 부활하는 일련의 사건들을 목격한다. 예수의 모의재판 때도, 본디오 빌라도가 사형 선고한 때도, 예수가 군중에 의해 구타와 굴욕당할 때도 목격한다. 막달라 마리아는 십자가 처형 당시 예수 곁에 서 있던 여인 중 한 명이다. 예수의 부활을 가장 처음 목격한 증인이다. 다른 이들에게 부활을 전하라고 보냄을 받았다(요한복음 20:11-18).

미국 소설가 댄 브라운의 미스터리 추리 소설『다빈치 코드(The Da

Vinci Code)』에서는 나사렛 예수와 막달라 마리아가 결혼하여 아이를 가졌다는 사실을 추적한다. 기독교 성경과 교리상 예수와 막달라 마리아가 결혼했다고 입증할 아무런 근거가 없다는 점에 주목해야 한다.

4. 시 「샤갈의 눈 내리는 마을」 읽기

김춘수의 제5시집 『타령조 기타(打令調 其他)』(1969)에 수록한 「샤갈의 눈 내리는 마을」을 읽어 본다.

> 샤갈의 마을에는 3월(三月)에 눈이 온다.
> 봄을 바라고 섰는 사나이의 관자놀이에
> 새로 돋은 정맥(靜脈)이
> 바르르 떤다.
> 바르르 떠는 사나이의 관자놀이에
> 새로 돋은 정맥(靜脈)을 어루만지며
> 눈은 수천 수만의 날개를 달고
> 하늘에서 내려와 샤갈의 마을의
> 지붕과 굴뚝을 덮는다.
> 3월(三月)에 눈이 오면
> 샤갈의 마을의 쥐똥만한 겨울 열매들은
> 다시 올리브빛으로 물이 들고
> 밤에 아낙들은
> 그 해의 제일 아름다운 불을
> 아궁이에 지핀다.
>
> ― 김춘수, 「샤갈의 눈 내리는 마을」 전문

인용 시「샤갈의 눈 내리는 마을」도 시집『타령조 기타(打令調 其他)』(1969)에 발표했다. 청색 화풍과 초현실주의적인 화풍으로 유명한 마르크 샤갈(1887~1985)의 〈나와 마을〉을 감상한 뒤 상상력을 발휘하여 창작한 시이다. 인용 시에서 탈관념의 순수 이미지만으로 표현한다. 다양한 사물의 이미지를 감각적 시어로 표현한다. '샤갈의 눈 내리는 마을'은 허구의 세계이다. 현상의 세계에 실재하지 않는 환상의 세계이다. 시어 '눈[雪]'에 대해 감각적으로 표현한다. 맑은 봄의 순수한 생명력과 생동감 이미지로 표현한 시이다.

샤갈은 러시아 출신이다. 프랑스에서 표현주의, 초현실주의 화가로 활동했다. 밝고 몽환적인 초현실주의 그림으로 유명하다. 특히 구약성서와 신약성서의 주요 인물, 사건, 설화, 신화를 그림으로 표현했다.

5. 나가기

앞에서 '김춘수의 처용 설화와 성경 인유 시 읽기'라는 제목으로 읽어 보았다. '처용 설화 시 읽기'와 '성경 인유 시 읽기', '시「샤갈의 눈 내리는 마을」읽기'라는 소제목으로 구분하여 읽어 보았다.

김춘수가 신화적 인물을 채용한 처용 관련 시편들은 대부분 처용을 표면에 등장시키지 않는다. 이는 시인의 위치, 화자와 청자의 위치 파악에 관심을 쏟게 만든다. '실제 시인―{함축적 시인―현상적 화자―현상적 청자―함축적 청자}―실제 독자'라는 흐름 속에 시인의 위치, 화자와 청자의 위치를 짚어 볼 때, 이들 시편이 순수시를 지향함을 읽을 수 있었다. 또한, 환유, 은유, 상징, 공감각적 이미지 등의 표현으로 순수시를 지향함을 읽을 수 있었다.

인유 시와 관련한「나의 하나님」에서 원관념과 보조관념 간의 먼 거리에 있는 시어들을 결합하여 새로운 유사성으로 창출하는 시적 긴장미를 읽어 보았다. 「막달아·마리아」에서 '막달라 마리아(마리아 막달레나)'라는 인물 중심으로 살펴보았다. 「샤갈의 눈 내리는 마을」에서 탈관념의 순수 이미지만으로, 다양한 사물의 이미지를 감각적 시어로 표현해 나가는 능력을 읽을 수 있다.

4.
신동문과 박두진의
신앙 고백 시 읽기

1. 들어가기

　신동문과 박두진, 두 유명 시인의 신앙 시 한 편씩을 읽어 보고자 한다. 신앙 시는 신앙 고백을 목적으로 한다. 그렇다면 '신앙 시 읽기'라는 말보다 '신앙 고백 시 읽기'가 더 적합할 것이다.

　신앙 고백이란, 성경의 말씀을 그대로 받아들이고 그리스도에 대한 신앙을 공적으로 나타내는 행위를 일컫는다. 시를 통한 신앙 고백은 인유법을 채택하는 경우가 많다. 인유법(引喩法)은 유명한 시구(詩句)나 문장, 고사 따위를 끌어다가 자신을 표현하거나 보충하는 수사법이다. 더 자세히 말하자면, 신화, 전설, 고전, 역사, 성서, 고사 등에서 널리 알려진 인물, 이야기, 시구(詩句), 문장 등을 인용하여 비유한다.

　종교적 패러디도 인유로 표현하기도 한다. "중세 시대에는 수도승이나 학자들이 종교적 의식이나 이데올로기를 희극적으로 풍자하는 데에 종교적 패러디를 사용하였다"(신익호, 『현대문학과 패러디』, 제이앤씨, 2012, 28쪽 참조.). 성서의 문장, 설화, 신화 등을 인유하여 풍자하기 때문이다. 그래서 넓은 의미에서 종교적 풍자도 인유법의 범주로 설명이 가능하다.

　이 글에서 '신동문과 박두진의 신앙 고백 시 읽기'라는 제목 아래 '신동문의 시 「10월 감각」의 신화적 풍자성', ' 박두진의 신앙 고백 시 「할레루야」 읽기'로 구분하여 살펴보고자 한다.

2. 신동문의 시 「10월 감각」의 신화적 풍자성

『현대평론』(1960) 창간호에 발표한 시 「10월 감각(十月 感覺)」을 아래와 같이 읽어 본다.

  十月달 내 皮膚엔
  수수깡 밭에
  부는 바람 소리,
  이삭 잘린
  몸둥이만
  마구 흔든다.

  이 고개
  明洞 聖堂 앞 굽은 길을
  밤 늦게 지나가면
  아―어디선가
  자꾸 들리는
  수수깡 바람 소리,
  술 한잔 熱오른 이마가
  옷싹 칩다.

  半쯤 닫힌

위인드 사이로

石膏身 하이야니

내다보는 基督아

네 얼굴이

너무나

너무나 슬프다.

가슴도 허벅지도

벌거벗은 알몸으로

虛空에 매달리듯

목 늘어트린

基督아

너는

너무나 외롭구나,

혼자만 잊혀졌구나,

이런 때면

狂氣처럼

宗敎가 밉다,

世上도 새삼 밉다,

十月달

수수깡 바람 속에

너만 남기고

돌아들 간

祈禱가 밉다.

그렇게

혼자 되면 참말로………,

또 그런

나도

지금 슬프다.

방금 가던

내 갈 길을 잊어버렸다.

엘리 엘리 라마싸바끄다니

엘리 엘리 라마싸바끄다니

十月달 내 皮膚엔

수수깡 밭에

부는 바람 소리,

몸둥이만

마구 흔든다.

— 신동문,「10월 감각(十月 感覺)」전문

   인용 시「10월 감각」은 1연과 마지막 연의 "시월 달 내 피부엔 / 수수깡 밭에"만 보더라도 반복법과 수미상관법이 특징이다. 인용 시를 1960년 4.19 혁명 이후의 정치 상황과 사회 현실을 배제하고 읽어 보면, 신앙시 혹은 종교시로 읽힐 수도 있다. "기독아 / 너는 너무나 외롭구나"와 "광기처럼 / 종교가 밉다 / 세상도 새삼 밉다" 등을 볼 때 기독교 신화적 서정성도 내재해 있는 시이다. 또한, 10월 달 가을의 수수깡 밭에 부는 바람 소리와 시적 화자와의 쓸쓸함이라는 심미적 거리로 볼 때 서정시로 읽힐 수도 있다. 그러나 1960년 10월의 정치 상황과 사회 현실에 대해 비판하고 부정하는 시이다.

"기독(基督)"은 중국어 음역(音譯)으로 그리스도(예수)를 뜻한다. 2연에서 시적 화자는 "명동(明洞) 성당(聖堂) 앞 굽은 길을 / 밤늦게 지나"간다. 성(聖)과 속(俗)의 개념으로 보면, 성당은 성스러운 곳이다. 3연에서 시적 화자는 그 성스러운 곳의 반쯤 닫힌 위인드(창문) 틈 사이로 하얀 예수의 석고상을 바라본다. 반쯤 닫힌 창문은 성당의 안과 바깥의 경계선이다. 문지방과 문이 "한 공간에서 다른 공간으로의 이행의 상징이자 매개자"(미르치아 엘리아데, 『성(聖)과 속(俗)』, 한길사, 1998, 58쪽.)이듯, 이 창문도 성스러운 곳과 속된 곳의 경계선이면서 다른 공간으로의 이행의 상징이자 매개체이다. 즉, 시적 화자는 속된 곳에서 성스러운 곳으로 들여다보는 것이다. "그 석고상을 보면서 "기독(基督)아 / 네 얼굴이 / 너무나 / 너무나 슬프다."며 독백을 한다. 4연에서 시적 화자는 벌거벗은 알몸으로 허공의 '십자가'에 매달린 예수의 모습을 바라보며 "기독(基督)아 / 너는 / 너무나 외롭구나, / 혼자만 잊혀졌구나,"라며 독백을 한다.

십자가의 이미지와 상징은, "선악의 나무를 목재로 만들어진 십자가는 우주목을 대신하게 되었다. 그리스도 자신이 한 그루의 나무로 묘사된다. (오리게네스) 크리소스토무스의 것으로 추정되는 「복음서 강화」는 십자가를 '내시에서 천상으로 올라가는 나무'로 묘사"(미르치아 엘리아데, 『이미지와 상징』, 이재실 옮김, 까치, 2013, 177쪽.)했다.

6연에서 시적 화자는 "나도 / 지금 슬프다. / 방금 가던 / 내 갈 길을 잊어버렸다."고 고백한다. 7연에서 시적 화자는 예수의 말을 빌려 반복해서 독백한다. "엘리 엘리 라마싸바끄다니"에 주목해 보면, "엘리 엘리 라마 사박다니(Eloi, Eloi, lama sabachthani)"(마27:46, 막15:34)를 일컫는다. 이 말은 헬라어로 음사한 히브리어이다. 그 의미는 "나의 하나님, 나의 하나님, 어찌하여 나를 버리셨나이까?"이다. 이 시와 『신풍토—신풍토 시집Ⅰ』(1959)에 발표한 「6월(六月)」과 내용의 유사성 측면에서 밀접한 관련이 있다. 「6월(六月)」의 "엘리 엘리……"와 "예수여! 예수여!"라는 시행과 빼닮았다. 이것은 '종교적 패러디'이기도 하다. 「10월 감각」의 주제는 부정 의식이고, 리얼리즘 계열이 아닌 한국 전통적 운율로 창작한 종교적 패러디의 현실 참여시이다.

이 시에서 성과 속의 개념을 다시 자세히 살펴보면, "명동(明洞) 성당(聖堂) 앞 굽은 길"에서의 성당은 성스러운 곳, 굽은 길은 속된 곳을 상징한다. 이와 관련하여 「풍선기―3호」의 "그날 교회 뒷골목"에서의 교회는 성스러운 곳, 뒷골목은 속된 곳을 상징한다. 이 시는 "성과 속이 세계 안에 있는 두 가지 존재 양식이라는 것"(미르치아 엘리아데, 앞의 책, 1998, 51쪽.)을 상기하게 한다. 신동문은 '원죄'의 상징인 『성경』의 「창세기」에 나오는 '아담'과 '하와(이브)'를 끌어들여 인간의 과욕과 탐욕의 속성(俗性)을 비유했다. 인간의 탐욕에서 비롯한 원죄는 사라지지 않고 끊임없이 내려왔다. 인간의 원죄의 속성(俗性)을 전하는 속담(俗談)도 끊임없이 구전으로 내려왔다. 그 속담처럼 인간의 과욕과 탐욕도 사라지지 않고 오래도록 구전으로 내려왔다.

3. 박두진의 신앙 고백 시 「할레루야」 읽기

박두진의 연작시집 『포옹무한(抱擁無限)』(1981)은 『현대시학(現代詩學)』(1978. 4월호~1979. 11월호)에 게재한 「포옹무한(抱擁無限)」 42편을 약간씩 다듬어 묶은 시집이다. 연작시집 『포옹무한(抱擁無限)』에 수록한 「42. 할레루야」를 읽어 보고자 한다. 이 시는 『포옹무한(抱擁無限)』의 마지막에 수록한 에필로그 형식의 장시이다. 시의 제목 '할레루야'는 '찬양하라.', '찬양하리라.', '찬양할지어다.'라는 의미이다.

어떻게 당신을 사랑할까.

끝없이 내려가는
강물의 가을 낙엽,
회오리 아득히
태풍에 휩쓸리는 한 마리 작은 새,
한밤중
달빛
무막한 눈벌판
쫓기는 한 마리 피의 사슴이 되어서라도
찬양하리.

할렐루야,
오직 사랑이신
성 삼위
성부 성자
하느님.

어떻게 당신을 찬양할까.

뜨겁고 넓고 깊은
당신의
살의 가슴,
눈물과 피
오직
사랑으로 비롯하여 사랑으로 되돌아가는

어떻게 당신을 사랑할까

할렐루야.

그날

어디나 지구에

등불은

꺼지고

밤안개 짙고

다만

자지러져 울음우는 아가들의 적막뿐인.

어딜까

우리들의 내일

내일의 우리들은 누굴까.

그때

대낮

벌판에 처음 도끼

카인의 처음 도끼

처음 피 땅에 흘러

흙에 스며 울고.

어떻게 당신을 사랑할까.

처음 찔리신 당신의 살의 가슴
끝없는
눈물 흐름.

어떻게 당신을 사랑할까
할레루야.

성 삼위 홀로이신
하늘 위의 하느님.

단번에 땅에 내려
높이 달리신
카인의
후예들에게
창에 찔리신 그 언덕
바람
무겁고 어둡고
모두는 닫아났던,

무한 무게 무거운 나무들의 고독.

피 흐름
오늘 다시
억만 명의
카인,
카인,

카인,
카인,

못 박으라, 못 박으라, 못 박으라.
카인, 또 카인들의
함성 절규 함성.

어떻게 당신을 사랑할까.

죽음.
모두는
달아나고.

아프고 무겁고 괴로운,
죽음마저 벼랑에서 천 길로 떠밀리고.

절대 고독 하늘 천지
홀로였음을.

어떻게 당신을 사랑할까
할렐루야.

성 삼위 성부 성자
나무틀의 인자.

물과 피 흐르고.

피장강 흐르고.

아버지여.
엘리 엘리 라마 사박다니
아버지여.

매어달려 기진한 채
부르짖다가

그러나.
내 뜻대로 마옵시고
아버지의 뜻대로
하옵소서.

죽음,
사랑,
뜻.

가라앉은 심연 바다.
마지막 그
패배
마지막 그

승리.

어떻게 당신을 사랑할까.

할렐루야.

죽어서 바람에 날리는 티끌
흐르다 떨어지는 절벽의 폭포
햇살에 반짝이는 물보라가 되어서라도
찬양하리.

당신의 말씀이
땅에서 부딪치는
상처의 피흐름.

패배와 죽음, 희생과 겸허,
가장 강한 자를
가장 약한 자로 낮추기 위해
스스로 낮은 자로 말없이 낮추시고.

가장 약하고 옳은 자를
가장 강하고 옳은 자이게 하시는
당신의 능력.

어떻게 당신을 찬양할까 할렐루야.

지금
어디나 지구 위에 등불은 꺼지고,

짙은 적막 안개 속의
우리들
카인.

증오,
불신,
배반,
잔학,
서로가 서로 빠져
헤어나지 못하는,

죽어서 죽음 속에 바닥의 바닥
늪,
그때 그 늪.
무망 어둠 고독 속의
죽음의 그 늪.

노래도 말씀도 안 들리고,
내일도 어제도
안 보이고
망각의 달빛
다만
희디희게 바래인
백골이 되어서라도 찬양하리.

그때

언덕
빛으로 흐르는 피의 강의 뜨거움,
죽음을 사랑으로,
만유 일체 생명 다시
살려 일으키신,

아
풋풋이 가슴속
이제야 이글대는
말씀의 그
햇덩어리.

깊고 맑고
세차게
사랑의 영원 굽이치는
찬란한 당신의
아침 강물.

할렐루야.

빛과 그 어둠,
죽음과 삶음,
미움과 사랑,
영원과
순간.

성 삼위 하느님

만유

일체는

당신의 것,

무한

가슴에

포옹하는.

티끌이 되어서라도 찬양하리.

— 박두진, 「42. 할레루야」 전문

  박두진은 연작시집 『포옹무한(抱擁無限)』(1981)의 자서에서 "자신의 정신적 내면의 자전적 편력(遍歷)과 방황(彷徨)을 신(神)과의 관계에서 고백적으로 써 보려 한 것이 처음의 주제(主題) 동기(動機)였다."라며 주제 의식을 명확하게 밝혔기에 '신앙 고백 시'라고 일컬어도 무방하다. 그뿐만 아니라 "시 한 편 한 편의 자연스러운 결정(結晶)과 독립성을 염두에 두고 연작시(連作詩)로서의 맥락도 유지하려 했으나, 뜻대로는 이루지 못했다."라며 아쉬운 심정도 남겼다. 자서는 출판 18개월 전인 1980년 6월 3일로 명시해 놓았다.

  인용 시「42. 할레루야」에서도 "아버지여. / 엘리 엘리 라마 사박다니 / 아버지여."라고 인유한다. 이는 '종교적 패러디'이기도 하다. 앞에서 읽어 본 신동문의 시「10월 감각(十月 感覺)」에서 등장한 '종교적 패러디'인 "엘리 엘리 라마싸바끄다니"와 맥을 같이 한다. 신동문의 시와 같이 인용 시에서도 시적 화자는 예수의 말 "엘리 엘리 라마 사박다니(Eloi, Eloi, lama sabachthani)"(마27:46, 막15:34)를 빌려 고백한다. 시「42. 할레루야」의 주제는 신앙 고백과 찬양이다. 한국 전통적 운율로 창작한 종교적 패러디 시이다.

김춘수 시인의 극시 「대심문관」에서도 "엘리엘리라마사막다니,"라는 성경 인유가 등장한다. 예수가 십자가에 못 박혀 마지막으로 내뱉은 말을 부각하여 제시한 패러디이다. 또한, 도스토엡스키 작품의 등장인물인 무신론자 대심문관을 패러디한 것이기도 하다.

인용 시의 "단번에 땅에 내려 / 높이 달리신 / 카인의 / 후예들에게 / 창에 찔리신 그 언덕 / 바람 / 무겁고 어둡고 / 모두는 달아났던, // 무한 무게 무거운 나무들의 고독. // 피 흐름 / 오늘 다시 / 억만 명의 / 카인, / 카인, / 카인, / 카인,"을 읽어 보면 '카인'이라는 시행에 주목해 본다.

인류 최초의 살인자 '카인'을 반복하여 호출하고, 예수를 십자가에 못 박은 자들을 '카인의 후예'라며 비유한다. "창에 찔리신 그 언덕"은 '골고다' 언덕이다. '카인'은 구약 성서 「창세기」에 나오는 아담과 하와의 맏아들이다. 농사를 지어 수확한 제물을 야훼에게 바쳤으나 거부당한다. 아우 아벨이 바친 양고기 제물은 받아들였다. 이를 시기하여 동생을 돌로 쳐서 죽였다. 성서 기록상 인류 최초의 살인자이다. 골고다(Golgotha) 언덕, 즉 갈보리 언덕은 예수가 십자가에 못 박혀 죽은 곳이다. 보편적으로 '카인의 후예'라는 말은 살인자를 상징한다.

박두진 시인은 신앙인으로서 유신론자이다. 인용 시는 분명 신앙 고백 시이다. 그러나 인용 시를 살인자와 죽음이라는 실존론적 사유 측면에서 달리 읽어 보면, 1957년 노벨 문학상 수상 작가인 알베르 카뮈의 소설 『이방인』(1942)에 등장하는 주인공 뫼르소가 겹쳐 읽히기도 한다. 뫼르소는 살인자이다. 그는 무신론자로서 행복한 마음으로 사형 집행을 기다린다.

4. 나가기

앞에서 '신동문과 박두진의 신앙 고백 시 읽기'라는 제목 아래 '신동문의 시「10월 감각」의 신화적 풍자성', '박두진의 신앙 고백 시「할레루야」읽기'로 구분하여 살펴보았다.

두 편에 공통적으로 인유한 성경 구절이 있다. "엘리 엘리 라마 사박다니(Eloi, Eloi, lama sabachthani)"(마27:46, 막15:34)이다. 그 의미는 "나의 하나님, 나의 하나님, 어찌하여 나를 버리셨나이까?"이다. 이는 신앙 고백이다. 달리 보면, 종교적 패러디이기도 하다.

이는 김춘수 시인의 극시「대심문관」에서도 "엘리엘리라마사막다니,"라는 성경 인유가 등장한다. 예수가 십자가에 못 박혀 마지막으로 내뱉은 말을 부각하여 제시한 패러디이다. 또한, 도스토옙스키 작품의 등장인물인 무신론자 대심문관을 패러디한 것이기도 하다. 나아가 인용 시를 살인자에 초점을 맞춰 읽어 보면, 알베르 카뮈의 소설『이방인』(1942)의 화자인 뫼르소가 겹쳐 읽힌다. 그는 살인자이다. 행복한 마음으로 사형 집행을 기다리는 무신론자이다.

인유법은 신화, 전설, 고전, 역사, 성서, 고사 등에서 널리 알려진 인물, 이야기, 시구, 문장 등을 인용하여 비유하는 것이다. 송교적 패러디도 성서의 문장, 설화, 신화 등을 인유하여 풍자하기에 넓은 의미에서 인유의 범주에 속한다.

제4부

4.19 혁명 목적시 읽기

1. 박두진의 역사의식 앞에서 1
2. 박두진의 역사의식 앞에서 2
3. 박목월의 역사의식 앞에서 1
4. 박목월의 역사의식 앞에서 2
5. 조지훈의 4.19 혁명 시 읽기 1
6. 조지훈의 4.19 혁명 시 읽기 2

1.
박두진의 역사의식 앞에서 1

　순수시를 지향한 청록파 시인 박두진(1916~1998)도 시대정신과 역사의식을 표출한 시를 발표했다. 1960년 4.19 혁명 때 희생당한 학생의 편에 서서 객관적 시선으로 절규했다. 「우리들의 기빨을 내린 것이 아니다」와 「당신들은 우리들과 한 핏줄이었다」라는 시가 대표적이다. 「우리들의 기빨을 내린 것이 아니다」는 한국시인협회가 엮은 『뿌린 피는 영원히』(춘조사, 1960)에 발표한 뒤, 세 번째 시집 『거미와 성좌』(대한기독교서회, 1962)에 수록하였다. 널리 알려진 시이다.
　반면에 「당신들은 우리들과 한 핏줄이었다」는 김종윤과 송재주가 공동으로 엮은 『불멸의 기수』(성문각, 1960)에 발표했다. 그해 월간 『여원』 6월호에도 재발표했다. 박두진은 살아생전 이 시를 시집에 수록하지 않았다. 그런 까닭에 『박두진 시 전집』(홍성사, 2018)에도 실리지 않았다. 현재까지 연구가 이루어지지 않은 이유이기도 하다. '4월 민주혁명 순국학생기념시집'이라는 부제를 단 『불멸의 기수』에서 긴 잠을 자던 「당신들은 우리들과 한 핏줄이었다」라는 시를 깨워 세상 밖으로 소개한다. 읽으면 읽을수록 2024년 12.3 불법 비상계엄 선포(내란) 상황과 겹쳐 읽힌다. 아래와 같이 읽어 본다.

그날 당신들은 우리를 총으로 쏘지 않았다.

그날 당신들은 우리를 탱크의 트랙으로 깔아 밀지 않았다.

그날 당신들은 우리들 충천(沖天)하는 의(義)의 불길

불을 뿜는 피의 절규를 억누르지 않았다.

금시 어느 강원도 깊은 두매산골 쯤에서

범이라도 사로잡다 서울로 내려왔을

얼굴은 태양볕에 거슬려 구릿빛

복장은 땀 먼지에 가죽처럼 찌들은

순박하고 늠름한 대한민국 용사여!

묵묵하고 맹용(猛勇)한 민주무장 국군이여!

그날 우리들의 대열이

자유, 민주, 정의, 인도, 젊은 애국 불의 노호(怒號)가

노도(怒濤)처럼 밀칠 때

그 불의한 총탄 앞에 귀축(鬼畜)의 맹사(猛射) 앞에

어린이, 중고등학생, 부녀자, 맨주먹의 시민들이

차례 차례 피를 흘려 죽어 넘어져 쓰러질 때.

국군이여! 의(義)의 용사여! 중무장한 군대여!

당신들 만은,

이 붉은 피의 생명들이,

한 알 당신들의 총탄보다

얼마나 더 귀한가를 보여 주었다.

얼마나 더 값진가를 보여 주었다.

하늘로 입을 연 그 탱크의 포구는

우리들의 피의 외침, 충천하는 불의 노호를,

정의, 애국, 인도, 자유 피로 쌓는 민주혁명의 불의 외침을,

우리들을 대신하여 뿜어 줄 것 같았고

우리들과 같은 열(熱)로

소리 없이 분노(忿怒)하여 외치고 있는 것 같았다.

아니, 어째서 안 그러냐!

당신들과 우리들은 한 피인 것을,

당신들과 우리들은 한마음인 것을,

한 겨레 한 핏줄 한 몸인 것을,

한 정의, 한 인도, 한 나라를 사랑하는 한 국군이여.

용사여! 길이 두고 찬란할 민주대한 국군이여!

당신들은 참으로 영용(英勇)하였다.

적에게는 노(怒)한 사자, 동포에겐 순한 소,

불길 같은 용맹을 나랄 위해 간직하고

노도 같은 분노를 의(義)를 위해 간직한,

그 거지(擧止), 태산처럼 진중하고 불길처럼 맹렬한

의지는 동철(銅鐵), 군율(軍律)은 지엄(至嚴),

이성은 얼음 같고 정(情)에 덥기 봄볕 같은

아, 당신들은 참으로 영용(英勇)하였다.

당신들은 우리들과 한마음이었다.

새 나라의 간성이여! 민주혁명 국군이여!

— 박두진, 「당신들은 우리들과 한 핏줄이었다」 전문

인용 시는 4.19 혁명 그해 '4월 민주혁명 순국학생기념시집'으로 엮은 『불멸의 기수』에 유명 시인과 학생 대표들의 시를 수록하였다. 순국한 학생들의 의기와 넋을 기리는 시편이 대부분이다. 이는 '추모시'이면서 '참여시'이기도 하다.

  인용 시에서 박두진은 국군과 국민을 향해 직접 정서의 언어로 목소리를 낸다. 참여시는 간접 정서의 언어보다 직접 정서의 언어가 더 효과적이기도 하다. 참여시가 때로는 간접 정서로 표현하기도 하지만, 때로는 직접 정서의 언어로 표현한다. 유명 참여시 가운데 직정(直情)의 언어로 표현한 사례가 많다. 인용 시를 현시점에서 읽어 보면, 2024년 12.3 계엄 사태 상황과 겹쳐 읽힌다. 이런 점에서 유기체와 같은 시의 생명력을 체감한다.

  인용 시를 통해 당시 경찰의 총부리와 억압 앞에서 죽느냐 사느냐의 아수라판일 때도 국군은 정치적 중립성을 유지했음을 읽을 수 있다. 박두진 시인은 국민의 생명과 재산을 보호하는 국군의 사명을 확고하게 수행한 국군의 참모습에 찬사를 보낸 것이다.

  12.3 불법 비상계엄 사태 상황에서 출동한 국군의 절제된 모습과 겹쳐 읽히기도 한다. 그 반대로 국민에게 총부리를 겨누게 한 비뚤어진 국군 통수권자와 지휘관의 모습도 겹쳐 읽힌다. 이들을 역사는 어떻게 기술할까? 역사의 평가는 뻔하다. 헌법 기관을 습격하고, 자유를 억압하고, 국민에게 총부리를 들이댄 행위만으로도 내란으로 기술할 수밖에 없다. 이것이 역사 기술의 원칙이자 상식이다.

  시인이여, 순수시를 지향했던 박두진 시인도 역사 앞에서는 냉철하게 시를 썼다. 그게 시인의 책무임을 망각하지 말자. 시대정신과 역사의식으로 똘똘 무장한 진짜 시인이라면, 비뚤어진 시대정신과 역사의식으로 지옥의 문을 열어젖히려고 한 자들을 향해 단죄와 함께 미래지향적 목소리를 토해 내야 한다. 진정한 시인 정신과 시 정신으로 재무장할 시점이다.

2.
박두진의 역사의식 앞에서 2

    박두진 시인은 청록파 시인으로서 순수시와 기독교 신앙시 위주로 발표했다. 그러함에도 불구하고 1960년 4.19 혁명 때 희생당한 학생의 편에서 올곧은 시대정신과 역사의식을 반영한 참여시를 발표했다. 시 「우리들의 기빨을 내린 것이 아니다」와 「당신들은 우리들과 한 핏줄이었다」가 대표적이다. 「우리들의 기빨을 내린 것이 아니다」는 한국시인협회가 엮은 『뿌린 피는 영원히』(춘조사, 1960)에 발표한 뒤, 세 번째 시집 『거미와 성좌』(대한기독교서회, 1962)에 수록하였다. 그의 사후에 발간한 『박두진 시전집3』(홍성사, 2018)에도 실렸다. 널리 알려진 시이다.

    이 시를 읽으면 읽을수록 2024년 12.3 불법 비상계엄 선포(내란) 상황과 겹쳐 읽힌다. 아래와 같이 읽어 본다. 『뿌린 피는 영원히』에는 '4.19에 부쳐'라는 부제가 있었고, '깃발'이라고 표기하였다. 그러나 시집 『거미와 성좌』에서는 부제가 없고, '기빨'로 표기하였다. 『거미와 성좌』에 수록한 시를 기준으로 읽어 본다.

    우리는 아직도
    우리들의 기빨을 내린 것이 아니다.
    그 붉은 선혈로 나부끼는

우리들의 기빨을 내릴 수가 없다.

우리는 아직도
우리들의 절규를 멈춘 것이 아니다.
그렇다. 그 피불로 외쳐 뿜는
우리들의 피외침을 멈출 수가 없다.

불길이여! 우리들의 대열이여!
그 피에 젖은 주검을 밟고 넘는
불의 노도(怒濤), 불의 태풍, 혁명에의 전진이여!
우리들 아직도
스스로 못 막는
우리들의 피 대열을 흩을 수가 없다.
혁명에의 전진을 멈출 수가 없다.

민족. 내가 사는 조국이여.
우리들의 젊음들.
불이여! 피여!
그 오오래 우리에게 썩어 내린
악으로 불순으로 죄악으로 숨어 내린
그 면면한
우리들의 핏줄 속의 썩은 것을 씻쳐 내는,
그 면면한
우리들의 핏줄 속에 맑은 것을 솟쳐 내는,

아, 피를 피로 씻고,

불을 불로 살워

젊음이여! 정(淨)한 피여! 새 세대여!

너희들 이미 일어선 게 아니냐?

분노한 게 아니냐?

내달린 게 아니냐?

절규한 게 아니냐?

피흘린 게 아니냐?

죽어 간 게 아니냐?

아, 그 뿌리워진

임리(淋漓)한 붉은 피는 곱디고운 피꽃잎,

피꽃은 강을 이뤄

강물은 강을 이뤄

강물이 갈앉으면 하늘 푸르름.

혼령들은 강산 위에 햇볕살로 따수어,

아름다운 강산에 아름다운 나라를,

아름다운 나라에 아름다운 겨레를,

아름다운 겨레에 아름다운 삶을

위해,

우리들이 이루려는 민주공화국,

절대공화국,

철저한 민주정체,

철저한 사상의 자유,

철저한 경제균등,
철저한 인권평등의,

우리들의 목표는 조국의 승리,
우리들의 목표는 지상에서의 승리,
우리들의 목표는
정의, 인도, 자유, 평등, 인간애의 승리인,
인민들의 승리인,
우리들의 혁명을 전취(戰取)할 때까지,

우리는 아직
우리들의 피기빨을 내릴 수가 없다.
우리들의 피외침을 멈출 수가 없다.
우리들의 피불길
우리들의 전진을 멈출 수가 없다.

혁명이여!

— 박두진, 「우리들의 기빨을 내린 것이 아니다」 전문

   인용 시는 민의에 의한 민주 혁명이자 학생 혁명인 4.19 혁명을 찬양한다. 2024년 12.3 불법 비상계엄 사태 상황 하에서 헌법 기관과 국민에게 총부리를 겨눈 내란 세력에 저항하여 극복해낸 민주적 민의의 승리와 겹쳐 읽힌다.
   시인이여, 올바른 시대정신과 역사의식으로 무장하자. 역사 공부를 게을리하지 말자. 시인은 역사 앞에서 떳떳해야 한다. 그 떳떳함이 곧 시인의 자세이자 정체성이다. 올곧은 시인 정신과 시 정신으로 무장하자.

3.
박목월의 역사의식 앞에서 1

청록파 시인 박목월(1915~1978)은 순수시를 지향했다. 그가 시대정신과 역사의식이 녹아 흐르는 시를 발표한 적 있다. 1960년 4.19 혁명 때 학생의 편에 서서 시로 울부짖었다. 「동이 트는 순간(瞬間)을」이라는 시이다. 추모시 성격의 목적시이다. 서문당의 『박목월 시 전집』(1984)과 민음사의 『박목월 시 전집』(2003)에도 실리지 않은 시이다. 그래서 현재까지 연구가 이루어지지 않은 듯하다. 읽으면 읽을수록 2024년 12.3 불법 비상계엄 사태(내란) 상황과 겹쳐 읽힌다. 결과적으로 4.19 혁명은 유혈(流血), 12.3 불법 비상계엄 사태는 무혈(無血)이라는 차이점은 있지만, 총부리를 국민에게 겨냥한 점, 자유(표현의 자유, 집회 결사의 자유 등)를 억압하려 한 점, 헌법 기관을 무력화하려 한 점에서 겹쳐 읽힌다. 한문 표기는 한글 표기로 변환하여 아래와 같이 읽어 본다.

그대 민주주의의 기수여.
정의의 불기둥이여.
바로 엊그제까지
눈이 팔팔하게 살았던 젊은이여.
이제는

무덤 아래 누웠는

그대들 귀에도 들리는가.

거리에 울리는

이 '중대방송(重大放送)'의 구절구절이

피로써 잡아온

민의의 승리가

피로써 절규한 구호가 그대로

역사(歷史)의 한 페이지로 기록되는

이 순간을.

불의로써 백성을

다스리지 못하며

억압으로 백성을

짓밟지 못하며

권력으로 백성의 어진 마음을

송두리째 빼앗지 못하는

이것은

하늘이 마련한 길.

이 창창하고

넓은 길을 벗어나

누가 감히

백성의 우두머리라 하리요.

낡은 것은

낡은 것으로 씻어 보내라.

상처난 자국마다

새 소망이 솟아라

우리 다시

민주대한의 터를 마련하게 되면

그때는

아여

속이지 말고, 속지 말고

억누리지 말고 눌리지 않고

업수 여기지 말고, 업수 여김을 당하지 말고,

남을 힐난 말고,

허물을 뜯지 말고

이웃은 이웃끼리 서로 사랑하고 돕고

남의 말을 소중히 여기고

권력을 탐내지 말고,

휘두르지 말고,

어리석은 시인의 꿈처럼

황홀한

그 나라를 마련하자.

자유세계의

찬란한 일환으로서

담대히 적과 맞서고

빨갱이들의 뿌리를 뽑는

아아

빛나는 우리 대한

자유낙토의

역사(役事)의 괭이를

높이 들자.

우리는

한 사람 한 사람이

뉘우침으로

양심을 밝히고,

눈물로 참회하고

이제 두 번 다시

뉘우치지 않을

자유롭고

아름답고

참된

백성이 되자.

— 박목월, 「동이 트는 순간을」 전문

인용 시는 4.19 혁명 다음 달에 춘조사에서 발행한 『뿌린 피는 영원히』(1960. 5. 19.)라는 시집에 수록했다. 한국시인협회가 '4월 혁명 희생 학도 추모 시집'으로 엮었다. 청록파 시인 박목월, 조지훈, 박두진을 비롯하여 유명 시인 39명의 시를 수록하였다. 4.19 혁명 때 희생당한 학생들의 의기와 넋을 기리는 시편으로 엮었다. 엄격하게 말하면 '추모시'이다. 달리 보면 '참여시'로 읽히는 시편도 있다. 이들 시의 많은 부분이 2024년 12.3 불법 비상계엄 사태의 상황과 겹쳐 읽힌다.

한반도의 역사뿐만 아니라, 인류의 역사에서 국민에게 칼날과 총부리를 겨냥한 권력은 정당성을 상실할 수밖에 없다. 조선 시대에도 왕의 자리를 빼앗을 목적으로 백성에게 칼날과 화살을 겨눈 왕은 사후에라도 정변(쿠데타)의 수괴라는 평가를 피할 수 없었다. 성공한 쿠데타라 하더라도 사후의 역사 평가는 냉정하다. 네 번의 성공한 쿠데타에 붙여진 이름만 보더라도 누구나 알 수 있다. 태종의 무인정사(1398), 세조의 계유정난(1453), 중종반정(1506), 인조반정(1623)이 그렇다. 앞의 두 건은 명분이 없는 친위 쿠데타이다. 그래서 '정사(定社)', '정난(靖難)'이라는 이름을 붙인 것이다. 뒤의 두 건은 명분이 있는 쿠데타이다. 잘못을 저지른 왕의 폐위라는 명분이 있었다 하더라도 후세의 평가는 쿠데타이다. 명분이 있는 쿠데타라서 '반정(反正)'이라는 이름을 붙인 것이다.

역사 공부를 덜 하였거나 시대정신과 역사의식이 없는 자는 스스로 고위직 공무원 자리에 오르지 말아야 한다. 시대정신과 역사의식이 부족한 고위 공무원은 언젠가 국민을 향하여 총부리와 비수를 들이댈 가능성이 높다. 5.16 군사 정변, 12.12 군사 반란, 12.3 불법 비상계엄 사태(내란) 자체가 그 대표적인 예이다.

문인이여, 순수시를 지향했던 박목월 시인처럼 때로는 올바른 시대정신과 역사의식이 녹아 흐르는 시를 써야 한다. 문인은 주체적 존재로서 올바른 시대정신과 역사의식으로 늘 무장해야 한다. 때로는 국민의 일상을 지옥과 같은 삶으로 이끌어 가는 지도자나 위정자를 향해 단호히 꼬집고, 비꼬고, 비틀어야 한다. 이것이 문학의 비판적 기능이요, 올곧은 문인 정신이요, 문학 정신이다.

4.
박목월의 역사의식 앞에서 2

 박목월 시인의 시대정신과 역사의식이 녹아 흐르는 4.19 혁명 시를 한 편 읽어 보고자 한다. 「죽어서 영원히 사는 분들을 위하여」라는 시이다. 김종윤과 송재주가 공동으로 엮은 『불멸의 기수』(성문각, 1960. 6. 5.)에 발표했다. 그해 『여원』 6월호에도 수록했다. 1973년 월간 『다리』 4월호에 재발표했다. 박목월 시인은 이 시를 시집에 엮지 않았다. 사후에 발간한 서문당의 『박목월 시 전집』(1984)에도 미수록한 시이다. 민음사의 『박목월 시 전집』(2003)에는 실려 있다. 널리 알려지지는 않았지만, 시의 존재 여부는 밝혀진 상태이다. 『불멸의 기수』에 수록한 시를 기준으로 아래와 같이 읽어 본다.

 학우들이 메고 가는
 들것 위에서
 저처럼 윤이 나고 부드러운 머리칼이
 어찌 주검이 되었을까?
 우람한 정신이여.
 자유를 불러올 정의의 폭풍이여.
 눈부신 젊은 힘의

해일이여.

하나, 그들이 이름 하나하나가 아무리 청사에 빛나기로니

그것으로 부모들의 슬픔을 달래지 못하듯,

내 무슨 말로써

그들을 찬양하랴.

죽음은 죽음.

명목(瞑目)하라.

진실로 의로운 혼령이여.

거리에는 5월 햇볕이 눈부시고

세종로에서

효자동으로 가는 길에는

새잎을 마련하는 가로수의 꿈 많은 경영(經營)이

소란스럽다.

아무 일도 없었는 듯이.

지내간 것은 조용해지는 것

그것은 너그럽고 엄숙한 새 역사의 표정.

다만

참된 뜻만이

죽은 자에서 산 자로

핏줄에 스며 이어가듯이.

그리고, 4·19의

그 장엄한 업적도

바람에 펄럭이는 태극기의 빛나는 눈짓으로

우리 겨레면 누구나 숨결,

숨결의 자유로움으로,

온몸 구석에서 속삭이는

정신의 속삭임으로

진실로 한결 환해질

자라나는 어린 것들의 눈동자의 광채로

이어 흘러서 끊어질 날이 없으리라.

— 박목월, 「죽어서 영원히 사는 분들을 위하여」 전문

민음사 발행 『박목월 시 전집』(2003)에서는 앞의 두 행을 "학우들이 메고 가는 들것 위에서"라는 부제로 편집하여 수록하였다. 그만큼 비중이 높은 시행이다. 들것을 메고 가는 학우들의 어깨가 무겁게 보인다. 희생당한 학생의 주검을 멘 어깨의 무게라기보다 정권의 폭력과 억압을 이겨 내야 하는 시대의 무게이다.

또한, 『박목월 시 전집』(2003)에는 인용 시의 말미에 '『다리』 1973. 4.'라고 표기해 놓았다. 1973년 월간 『다리』 4월호에 재수록한 것이라는 의미보다는 그 이전의 지면을 추적하지 않았다는 의미로 읽힌다. 3선 개헌 이후 1970년대 박정희 군사 독재의 상황과 겹쳐 읽히는 측면도 있다. 자유 억압의 군사 독재 시대에 4월 혁명의 숭고한 정신을 기념하려는 목적으로 수록한 것이다.

현시점의 12.3 불법 비상계엄 사태의 총부리에 희생당한 주검은 없다. 불행 중 다행이다. 우리 민족이 오래도록 기억하고 경계해야 할 사태임이 분명하다.

5.
조지훈의 4.19 혁명 시 읽기 1

　조지훈(1920~1968) 시인은 순수시를 지향했다. 참여시를 발표한 사례도 있다. 그가 주장한 '순수시 시론'과 관련이 있다. 그는 순수시의 범주 내에 현실 참여적 목적시를 포함한 것이다.

　4.19 혁명 시기에 발표한 시편 가운데「터져 나오는 함성」(1960. 4. 13.),「혁명(革命)」(1960. 4. 27.),「늬들 마음을 우리가 안다―어느 스승의 뉘우침에서」(1960. 4. 20.),「사랑하는 아들 딸들아」,「우음(偶吟)」,「이 사람을 보라」등이다. 이 가운데「혁명(革命)」을 수정 보완하여 5연에서 9연으로 개작한 시가 있다. 시「마침내 여기 이르지 않곤 끝나지 않을 줄 이미 알았다」이다.

　순수시를 지향했던 조지훈이「마침내 여기 이르지 않곤 끝나지 않을 줄 이미 알았다」를 제외한 이들 시편을 제5시집『여운(餘韻)』(1964)에 수록했다. 신문이나 사화집 등에 발표하였지만, 이 시집에 수록하지 않은 일부 참여시는『조지훈 전집―시 1, 2』(일지사, 1973)와『조지훈 문학론―조지훈 전집3』(나남, 1996)에 수록했다. 먼저 조지훈 시인이 지향한 '순수시 시론'을 읽어 본다.

순수시는 경향시에 대한 정통이요, 순수시의 영역은 정치·종교·사회 어디에도 갈 수 있는 무제한이나 다만 시가 되고 예술이 되는 것을 전제로 하는 무제한이며, 시의 가능성은 그 출발점이 시에 있을 때뿐이라는 것이다. 순수시를 사상이 없고 정치가 없고 현실 내지 시대가 없다고 보는 이들은 시는 주로 정치적 사회적 사상을 뼈다귀로 하고 거기에 약간 미사(美辭)의 옷을 입히는 거쯤인 줄 알기 때문에 사상과 시가 물에 기름 탄 것처럼 뜨는 것을 고민한다. 그러나 순수한 시는 어디까지든지 주정치(主政治), 주사상적(主思想的)이 아니며 먼저 시로서 입명(立命)하려 하는 것이다. 그러므로, 참의 순수시 속에 절로 혈액이 된 '사상과 자각', '시대정신과 파악', '현실의 추구'가 시를 무슨 고정 공식 관념의 효용서(效用書)로 오해하는 맹목한 사람에게 한해서는 일곱 번 환생을 해도 믿어지지 않을 것이다(조지훈, 『조지훈 문학론―조지훈 전집3』, 나남, 1996, 229쪽.).

이와 같이 조지훈은 "순수한 시는 어디까지든지 주정치(主政治), 주사상적(主思想的)이 아니며 먼저 시로서 입명(立命)하려 하는 것이다."라고 주장했다. 순수시는 정치와 사상을 먼저 내세우는 우를 범하지 말아야 함을 강조한 것이다. 또한, 시대정신과 현실성을 반영하는 현실 참여시도 순수시의 범주 안에서 창작해야 한다는 주장으로 읽힌다. 이런 측면에서 순수시에 천착한 조지훈 시인도 4.19 혁명 참여시를 적극적으로 발표하였다. 시대정신과 역사의식이 녹아 흐르는 시 한 편을 읽어 보고자 한다. 「마침내 여기 이르지 않곤 끝나지 않을 줄 이미 알았다」라는 시이다. 『불멸의 기수』(성문각, 1960. 6. 5.)에 발표했다. 『조지훈 전집―시 1, 2』(일지사, 1973)와 『조지훈 문학론―조지훈 전집3』(나남, 1996)에 수록한 시이다. 시 「혁명(革命)」을 개작한 시이기에 널리 알려지지는 않았지만, 시의 존재 여부는 밝혀진 상태이다. 『불멸의 기수』에 수록한 시를 아래와 같이 읽어 본다.

그것은 홍수였다

골목마다 거리마다 터져 나오는 함성

"백성을 암흑 속으로 몰아넣은 이 불의한 권력을 타도하라"

홍수라도 그것은 탁류가 아니었다

백성의 양심과 순정의 밑바닥에서

솟아오른 푸른 샘물이었다

아아 그것은 파도였다

동대문에서 종로로 세종로로 서대문으로 역류하는 이 격류는

실상은 민심의 바른 물길이었다

쓰레기를 구데기를 내어버린 자 그 죄악의 구덩이로 몰아붙이는

그것은 피눈물의 꽃파도였다

보았는가 너희는

남대문에서 대한문으로 세종로로 경무대로 넘쳐흐르는 그 파도를

이것은 의거

이것은 혁명

이것은 안으로 안으로만 닫았던 민족혼의 분노였다

온 장안이 출렁이는 웃다가 외치다가 울다가 쓰러지다가

끝내 흩어지지 않은

이 피로 물들인 외침이여

아 시민들이여 온 민족의 이름으로

일어선 자여

그것은 해일이었다.

바위를 물어뜯고 왈칵 넘치는

불퇴전의 의지였다 고귀한 핏값이었다

무너지는 아성

도망가는 역적

너희들을 백성의 이름으로 처단하지 않고는

두지 않으리라 의분이여 저주여

법은 살아왔다 백성의 손에서

정의가 이기는 것을 눈앞에 본 것은

우리 평생 처음이 아니냐 아아 눈물겨운 것

불의한 권력에 붙어

백성의 목을 조른 자들아

불의한 폭력에 추세하여

그 권위를 과장하던 자들아

너희 피 묻은 더러운 손을

이 거룩한 희생자에 대지 말라

누구를 위해 피 흘렸느냐

민족을 위해서

무엇을 위하여 죽어갔느냐

끝내 지켜보리라

빛을 불러놓고 먼저 간 넋들이여

이 전열에 부상하여 신음하는 벗에게

너희 죄지은 자의 더러운 피를 수혈하지 말라

이대로 깨끗이 죽어 갈지언정

썩은 피를 그 몸에 받고 살아나진 않으리라

양심의 눈물만이
불순한 피를 정화할 수 있느니라
죄지은 자여 사흘 밤 사흘 낮을
통곡하지 않고는 말하지 말라

그것은 천리였다
그저 터졌을 뿐
터지지 않을 수 없었을 뿐
애국이란 이름조차 차라리 붙이기 송구스러운
이 빛나는 파도여
해일이여

― 「마침내 여기 이르지 않곤 끝나지 않을 줄 이미 알았다」 전문

인용 시는 조지훈의 「혁명(革命)」을 개작한 시이다. 「혁명(革命)」은 '경향신문' 복간을 축하하는 마음으로 쓴 축시(1960. 4. 27.)이다. 이는 '경향신문' 복간에 대한 감회를 드러낸 시이다. 인용 시는 이 감회에 추가하여 자유당 정권에 의해 목숨을 잃은 학생들을 향한 추모의 내용으로 개작하였다. 달리 보면, 부패한 독재 자유당 정권을 향한 분노이다. 나아가 가해자 자유당 정권의 진정한 반성과 참회를 바라는 심정을 담았다.

현시점의 12.3 불법 비상계엄 사태(내란)의 총부리에 대항하여 절제된 저항으로 이룩해낸 민주주의 회복과 겹쳐 읽힌다. 4.19 혁명 당시 민주주의 회복을 염원한 기상과 현시점의 민주주의 회복을 향한 국민의 염원은 분명 역사적 가치가 있다. 우리 민족은 국난과 불행을 슬기롭게 극복해내는 저력이 있다. 3.15 부정 선거, 5.16 군사 정변, 12.12 군사 반란도 이겨 내고 민주주의 꽃을 피운 민족이다. 민주주의 꽃은 총부리에 겁먹지 않는다. 꺾이거나 시들지 않을 것이다.

6.
조지훈의 4.19 혁명 시 읽기 2

 순수시를 지향한 청록파 시인 조지훈도 시대정신과 역사의식이 녹아 흐르는 시를 발표한 적 있다. 1960년 4.19 혁명 때 학생의 편에 서서 자기반성과 성찰의 시를 발표했다. 「늬들 마음을 우리가 안다―어느 스승의 뉘우침에서」라는 헌시(獻詩)이다. 당시 고려대학교의 4.18 의거를 지켜보면서 뉘우침의 시를 학보(1960. 4. 20.)에 발표한 헌시(獻詩)이다. 추모시 성격의 목적시이다.

 4.19 혁명 다음 달에 춘조사에서 발행한 『뿌린 피는 영원히』(1960. 5. 19.)라는 시집에도 수록했다. 한국시인협회가 '4월 혁명 희생 학도 추모시집'으로 엮었다. 4.19 혁명 때 희생당한 학생들의 의기와 넋을 기리는 시편으로 엮었다. 읽으면 읽을수록 2024년 12.3 불법 비상계엄 사태(내란) 상황과 겹쳐 읽힌다.

> 그날 너희 오래 참고 참았던 의분(義憤)이 터져
> 노도(怒濤)와 같이 거리로 몰려가던 그때
> 나는 그런 줄도 모르고 연구실(研究室) 창턱에 기대앉아
> 먼산을 넋 없이 바라보고 있었다.

오후 2시(午後 二時) 거리에 나갔다가 비로소 나는 너희들 그 무엇으로도 막을 수 없는 물결이

의사당(議事堂) 앞에 넘치고 있음을 알고

늬들 옆에서 우리는 너희의 그 불타는 눈망울을 보고 있었다.

사실을 말하면 나는 그날 비로소

너희들이 갑작이 이뻐져서 죽겠던 것이다.

그러나 이것은 어떤 까닭이냐.

밤늦게 집으로 돌아오는 나의 발길은 무거웠다.

나의 두 뺨을 적시는 아 그것은 뉘우침이었다.

늬들 가슴속에 그렇게 뜨거운 불덩어리를 간직한 줄 알았더라면

우린 그런 얘기를 하지 않았을 것이다.

요즘 학생들은 기개(氣慨)가 없다고

병든 선배(先輩)의 썩은 풍습(風習)을 배워 불의(不義)에 팔린다고

사람이란 늙으면 썩느니라 나도 썩어가고 있는 사람

늬들도 자칫하면 썩는다고……

그것은 정말 우리가 몰랐던 탓이다.

나라를 빼앗긴 땅에 자라 악을 쓰며 지켜왔어도

우리 머리에는 어쩔 수 없는 병든 그림자가 어리어 있는 것을

너의 그 청명(淸明)한 하늘 같은 머리를 나무람 했더란 말이다.

나라를 찾고 침략(侵略)을 막아내고 그러한 자주(自主)의 피가 흘러서 젖은

땅에서 자란 늬들이 아니냐.

그 우로(雨露)에 잔뼈가 굵고 눈이 트인 늬들이 어찌

민족만대(民族萬代)의 맥맥(脈脈)한 바른 핏줄을 모를 리가 있었겠느냐.

사랑하는 학생들아

늬들은 너희 스승을 얼마나 원망했느냐

현실(現實)에 눈감은 학문(學問)으로 보따리장수나 한다고

너희들이 우리를 민망히 여겼을 것을 생각하면

정말 우린 얼굴이 뜨거워진다 등골에 식은 땀이 흐른다.

사실은 너희 선배(先輩)가 약했던 것이다 기개(氣慨)가 없었던 것이다.

매사(每事)에 쉬쉬하며 바른말 한마디 못한 그 늙은 탓 순수(純粹)의 초연(超然)
의 탓에 어찌 가책(苛責)이 없겠느냐.

그러나 우리가 너희를 꾸짖고 욕한 것은

너희를 경계하는 마음이었다. 우리처럼 되지 말라고

너희를 기대함이었다. 우리가 못할 일을 할 사람은 늬들뿐이라고

사랑하는 학생들아

가르치기는 옳게 가르치고 행(行)하기는 옳게 행(行)하지 못하게 하는 세상

제자들이 보는 앞에서 스승의 따귀를 때리는 것쯤은 보통인

그 무지한 깡패 떼에게 정치를 맡겨 놓고

원통하고 억울한 것은 늬들만이 아니었다.

그러나 이럴 줄 알았더라면 정말

우리는 너희에게 그렇게 말하진 않았을 것이다.

가르칠 게 없는 훈장이니

선비의 정신이나마 깨우쳐 주겠다던 것이

이제 생각하면 정말 쑥스러운 일이었구나

사랑하는 젊은이들아

붉은 피를 쏟으며 빛을 불러 놓고

어둠 속에 먼저 간 수탉의 넋들아

늬들 마음을 우리가 안다 늬들의 공을 온 겨레가 안다.

하늘도 경건(敬虔)히 고개 숙일 너희 빛나는 죽음 앞에

해마다 해마다 더 많은 꽃이 피리라.

아 자유(自由)를 정의(正義)를 진리(眞理)를 염원(念願)하던

늬들 마음의 고향 여기에

이제 모두 다 모였구나

우리 영원(永遠)히 늬들과 함께 있으리라.

— 「늬들 마음을 우리가 안다―어느 스승의 뉘우침에서」 전문

(한국시인협회 편, 『뿌린 피는 영원히』, 춘조사, 1960, 153-157쪽.)

인용 시는 4.19 혁명 때 조지훈 시인이 몸을 담았던 고려대학교 학생들의 기개를 찬양하며 자신을 반성하는 참회록 성격의 시이다. 일제에 적극 저항하지 못한 뉘우침을 반영한 윤동주의 '참회록'과 겹쳐 읽힌다. 달리 보면, '참여시'로 읽힌다. 2024년 12.3 불법 비상계엄 사태의 상황과 겹쳐 읽힌다.

여기서 주목해야 할 시행은 5연의 "매사(每事)에 쉬쉬하며 바른말 한마디 못 한 그 늙은 탓 순수(純粹)의 초연(超然)의 탓에 어찌 가책(苛責)이 없겠느냐."이다. 이는 순수시, 순수 문학을 지향한 자신에 대한 성찰이고 반성이다. 순수 문학을 지향하며 현실 참여를 회피한 자신의 신념에 대한 자아비판이기도 하다. 그리고 "제자들이 보는 앞에서 스승의 따귀를 때리는 것쯤은 보통인 / 그 무지한 깡패 떼에게 정치를 맡겨 놓고 / 원통하고 억울한 것은 늬들만이 아니었다."라며 자유당이 하수인으로 앞장세운 정치 깡패들에게 수모를 당한 교수들의 심정을 밝힌다. 교수의 한 사람으로서 자유당의 자유 억압과 폭력 행위를 그대로 까발린 것이다.

인용 시의 긍정적인 부제 '어느 스승의 뉘우침에서'와는 차원이 다른,

부정적인 내란 수괴와 중요종사자들을 배출한 대학이나 사관학교의 스승들도 뉘우침이 있어야 할 것이다. 그들 선배나 후배들도 성찰해야 한다. 어릴 때 골목길에 똥장군이 지나가면, 그 똥 냄새가 며칠 동안 고여 있었다. 이와 같이 그들을 배출한 대학과 사관학교는 반역의 악취를 제거하기 위해 수년에 거쳐 환골탈태의 노력을 다해야 할 것이다.

특히 군사 정변, 군사 반란의 수괴와 중요종사자, 내란의 중요종사자들을 배출한 사관학교는 폐교 수준의 쇄신을 감행하지 않는다면 국민의 심판을 받을 것이다.

제5부

노장사상과 상상력 읽기

1. 노자의 무치(無治)
2. 장자(莊子)적 상상력으로 글을 쓰자
   - 무위자연(無爲自然)과 물아일체(物我一體)의 이상향
3. 장자의 물고기(鯤), 새(鵬)
4. 장자의 소설(小說)
5. 장자의 나무 이야기
6. 장자의 나비 꿈
7. 장자의 천명(天命)
8. 장자의 손톱
9. 장자의 숲과 기러기
10. 장자의 밤나무 숲
11. 장자의 개구리와 바다
12. 장자의 해골

1.
노자의 무치(無治)

노자의 자연 사상은 무위(無爲)·무지(無知)·무치(無治)이다. 무지(無知)는 인륜 도덕의 인간상에 도달하려는 수양으로서 학문을 거부하는 반유가적 담론이다. 무치(無治)는 반성인(反成人)의 이상향(유토피아) 담론이다. 즉, 유가의 성인 정치인 왕도주의에 반하는 담론이다. 무치(無治)라는 노자의 도인 정치는 겉으로 보기에는 원시 공산 사회의 무정부주의적 측면이 농후하다. 노자가 지향한 이상적 무치(無治)는 무정부주의적 원시 공산 사회일 수도 있다.

노자가 정치를 무치(無治), 덕치(德治), 법치(法治), 포학(暴虐)의 네 가지로 구분하여 강조하였다. 이 가운데 최상의 정치가 무치(無治)의 경지라고 하였다. 이 무치(無治)는 백성들이 전혀 알지 못하게 정치를 해야 한다는 의미이다. 이를 읽어 본다.

최상의 정치는 무치(無治)의 경지로, 백성들이 전혀 알지 못한다. 다음의 정치는 덕치(德治)의 경지로, 백성들이 친근감을 느끼고 좋아한다. 그 다음의 정치는 법치(法治)의 경지로, 백성들이 겁을 내고 좇는다. 끝의 경지는 포학이며, 백성들로부터 미움과 욕을 받는다.

위정자가 성실이 부족하여 열매를 맺지 못하면 백성들로부터 신임을 받지 못할 것이다. 성인은 유한자적(悠閑自適)하고 함부로 호령법령을 내리지 않는다. 그러면서 모든 일들이 이루어지고 공이 나타나며 백성들은 저마다 자기가 무위자연의 존재라고 생각하게 된다.

— 『노자』, 「순풍(淳風)」, 장기근 역

노자가 최고로 꼽는 정치, 가장 고수의 정치는 '없는 듯 다스리는 정치'이다. 이는 백성이 임금의 존재 자체를 모르는 정치이다. 두 번째 경지의 정치는 '덕(德)으로 다스리는 정치'이다. 이는 백성이 임금에게 친근감을 느끼게 하는 정치이다. 세 번째 경지의 정치는 '법(法)으로 다스리는 정치'이다. 이는 백성에게 겁을 먹게 하여 따르게 하는 정치이다. 가장 하수인 네 번째 경지의 정치는 '포학하게 다스리는 정치'이다. 이는 백성에게 횡포를 자행하여 공포감을 주는 정치이다.

노자 사상은 중국을 비롯한 동양 사상에 지대한 영향을 주었다. 특히 노자의 정치 경지 네 가지 분류는 조선의 왕도 정치에도 지대한 영향을 미쳤다. 조선에서 네 가지 중 가장 하수인 포학한 왕의 예로 연산군을 들 수 있다. 대한민국 대통령 중에 국민을 향해 총부리를 들이댄 포학의 정치를 자행한 자들은 계엄령을 선포했다는 공통점이 있다. 계엄 그 자체가 포학한 정치 수단이다. 이들은 군인을 하수인으로 앞장세워 무력을 정치 수단으로 삼은 자들이다.

오늘날 법치국가에서 법치는 당연하다. 국민에게 겁을 주려는 행위가 아니다. 모든 통치 행위를 법의 테두리 안에서 진행해야 한다. 하지만 통치자의 인격과 성품이 묻어나는 덕치는 매우 소중한 정치이다. 이는 국민의 아픔을 어루만지고, 슬픔을 함께할 수 있는 정치이다. 가장 고수인 무치는 현대 사회의 투명한 정치에 비추어 보면, 거의 불가능할 것이다. 하지만 있는 듯 없는 듯 조용한 정치가 여기에 해당할 것이다. 알맹이는 없으면서 과대 포장하여 시끄럽게 나대는 정치는 국민을 불안하게 만든다. 법에 의거 주어진 일에 매진하는 조용한 알맹이 정치야말로 국민에게 신뢰받을 수 있을 것이다. 적어도 가장 하수인 포학한 정치는 하지 말아야 한다. 포학한 정치는 뒷골목 양아치들이나 하는 짓이다.

2.
장자(莊子)적 상상력으로 글을 쓰자

― 무위자연(無爲自然)과 물아일체(物我一體)의 이상향

2천여 년 전, 장자는 노자에 동조하여 '무위자연(사람의 힘을 더하지 않은 그대로의 자연. 또는 그런 이상적인 경지.)'을 꿈꿨다. 물아일체(외물과 자아, 객관과 주관, 또는 물질계와 정신계가 어울려 하나가 됨.)를 꿈꾸기도 했다. 현대인들도 이를 꿈꾼다. 무위자연과 물아일체의 상상력이 『장자』에서는 초월적이면서도 창조적이다. 『장자』는 한국 철학을 비롯해 문학과 예술에 지대한 영향을 미쳤다.

특히 한국 문학과 예술 작품에서 『장자』의 나비, 물고기(鯤), 새(鵬), 나무 등의 은유를 인유하거나 모티프로 삼아 창조적 상상력을 발휘한 작품을 흔히 접할 수 있다. 이미지 문장 속에 은은히 녹아들어 있는 작품을 접할 수도 있다.

"장자는 자유로운 상상력이 풍부한 사상가일 뿐만 아니라, 고대 우론(愚論) 산문의 개척자이다"(왕꾸어똥, 『장자평전』, 신주리 옮김, 미다스북스, 2005, 289쪽.). 흔히 장자를 '동양 최초의 수필가', 『장자』의 「소요유」를 '동양 최초의 수필'이라고 평가하기도 한다. 이런 평가는 우언(寓言) 때문일 것이다. 즉, 외물을 빌려와서 자기의 생각을 피력했기 때문일 것이다.

장자가 혜자와 함께 호수에 있는 다리 위에서 놀고 있었다. 이때 장자가 말하기를 "피라미가 나와 조용히 노네. 이것이야말로 저 물고기의 즐거움이네." 하자, 혜자가 말하기를, "자네가 물고기도 아닌데 어떻게 물고기의 즐거움을 아는가?" 하였다. 이에 장자는 다시 말하기를, "그렇다면 자네는 내가 아닌데, 어떻게 내가 물고기의 즐거움을 모르는 것으로 아는가?" 하자, 혜자가 말하기를, "본디 나는 자네를 모르네. 마찬가지로 자네도 본디 모르는 것은 확실하네." 하였다. 이에 장자는 이렇게 대답했다.

"그러면 그 근본으로 올라가 보세. 자네가 내게 '자네가 어찌 물고기의 즐거움을 알겠는가?'라고 말한 것은 이미 내가 그것을 안다고 여겨 물은 것이네. 나는 지금 이 호수의 다리 위에서 저 호수 밑의 물고기와 일체가 되어 마음속으로 통해서 그 즐거움을 알고 있는 것이 되네."

— 『장자』, 「외편」 중 '추수', 이석호 역

인용문에는 장자의 물아일체 의미가 담겨 있다. 물고기의 즐거운 마음을 안다는 것, 마음속으로 물고기와 일체임을 느낀다는 것은 오늘날의 용어로는 동일성이다. 동일성은 동화(同化, assimilation)와 투사(投射, projection)에 의해서 이루어진다.

인용문 도입부의 "피라미가 나와 조용히 노네. 이것이야말로 저 물고기의 즐거움이네."라는 대목은 투사(감정이입)보다는 동화에 가깝다. 장자가 물고기의 즐거움이 마음속 느낌으로 온다고 말한 것이다. 이를 볼 때 물고기의 즐거움을 자아화하여 동일성을 유지한 것이다. 물고기의 즐거움을 장자의 내부로 끌어들여 내적 인격화를 이룬 것이다. 그렇다면 동화이다. 하지만 결부의 "저 호수 밑의 물고기와 일체가 되어 마음속으로 통해서 그 즐거움을 알고 있는 것"이라는 대목은 동화보다는 투사에 가깝다. 이는 감정이입으로 동일성을 획득한 것이다. 장자는 상상력으로 자아를 물고기에 투사하여 자아와 물고기의 일체감을 이룩한 것이다. 이처럼 장자의 물아일체는 오늘날의 동일성과 일맥상통한다. 투사와 동화로 세분화하여 볼 때도 두 가지 모두 해당한다.

　장자는 우화의 비유를 통해 풍부한 상상력을 발휘했고, 이로 말미암아 현대 문인이나 예술가들은 장자의 상상력에 매력을 느낀다. 장자의 초월적 상상력에 근거한 모티프는 창조적 상상력을 더욱 풍부하게 이끌어 낸다. 이런 상상력을 '창조적 상상력'이라는 용어로 정리할 수도 있다. 때로는 무위자연의 장자적 이상향을 허구적 상상력의 범주에 속한다고 정리할 수도 있다. 장자의 비유, 즉, 이야기 그 자체가 초월적 상상력의 환상성을 지녔기 때문이다.

　장자는 중국을 비롯한 동양 사상과 문학에서 차지하는 비중이 매우 크다. 장자의 사상이 현재까지 한국의 문학에도 지대한 영향을 미치고 있음을 부인할 수 없다.

　특히 '장자의 물고기, 새', '장자의 나무와 숲', '장자의 나비 꿈' 등, 우화와 관련한 상상력이 한국 문학 작품에서 생각보다 많이 숨 쉬고 있다. 장자의 초월적 상상력에 근거한 모티프는 창조적 상상력의 근원이기도 하다.

　시인이여, 서양의 이론도 필요하지만, 한 번쯤 동양의 이론을 들여다볼 필요가 있음을 망각하지 말자. 나아가 '장자적 상상력'을 한껏 발휘하여 '무위자연과 물아일체의 이상향'의 꿈을 이루어 보자.

3.
장자의 물고기(鯤). 새(鵬)

장자는 "하늘에 올라 안개 속을 거닐고, 무극을 배회하는(登天游霧 撓挑無極)"(왕꾸어통, 『장자평전』, 신주리 옮김, 미다스북스, 2005, 79쪽.) 상상을 했다. 이처럼 장자는 자유롭게 하늘을 날아오르는 상상력을 발휘했다. 무한한 우주 공간인 하늘을 날아오르는 이야기에서 이를 알 수 있다. '신선 이야기', '열자 이야기', '지인(至人, 덕이 높은 사람) 이야기', '세속을 초월한 사람 이야기' 등이 대표적이다.

장자는 자유로움을 물고기(鯤)와 새(鵬)에 비유하여 은유로 말한다. 동양에서 수필의 효시라고 불리는 장자의 「소요유」를 읽어 본다.

북녘 바다에 물고기가 있다. 그 이름을 '곤'이라고 한다. 곤의 크기는 몇 천리나 되는지 알 수가 없다. 이 물고기가 변해서 새가 되면 그 이름을 '붕'이라 한다. 붕의 등 넓이는 몇 천 리나 되는지 알 수가 없다. 힘차게 날아오르면 그 날개는 하늘 가득히 드리운 구름과 같다. 이 새는 바다 기운이 움직여 대풍이 일 때 그것을 타고 남쪽 바다로 날아간다. 남쪽 바다란 곧 천지(天池)를 말한다. 제해(齊諧)란 괴이한 일을 아는 사람이다. 그 제해의 말에 따르면 '붕이 남쪽 바다로 날아갈 때는 파도를 일으키기를 3천 리, 회오리바람을 타고 하늘 높이 오르기를 9만 리, 그런 뒤에야 여섯 달 동안 날아가서 쉰다'고 한다. 달리는 말같고 먼지 같은 것은 천지 간의 생물이 서로 입김으로 내뿜어 생기는 현상이다. 그리고 보면 하늘의 새파란 빛은 과연 제 빛깔일까. 아니면 멀리 떨어져서 끝이 없기 때문일까. 내가 또한 아래 세상을 내려다보니 올려다볼 때처럼 새파랗구나. 가령 물 괸 곳이 깊지 않으면 큰 배를 띄울 만한 힘이 없다. 한 잔의 물을 마루의 패인 곳에 엎지르면 작은 풀잎은 떠서 배가 되지만, 거기에 잔을 놓으면 바닥에 닿는다. 물은 얕은데 배가 크기 때문이다. 마찬가지로 바람 쌓인 것이 두텁지 않으면 큰 날개를 띄울 만한 힘이 없다. 그러므로 9만 리나 올라가야 날개 밑에 충분한 바람이 쌓인다. 그런 뒤에 비로소 붕은 바람을 타고 푸른 하늘을 등에 진 채, 아무런 장애도 없이 바야흐로 남쪽을 향하게 된다. 매미와 비둘기가 그를 비웃으며 말했다. '우리는 있는 힘껏 날아올라야 느릅나무나 박달나무에 이르지만, 때로 거기에도 이르지 못해서 땅바닥에 동댕이쳐진다. 그런데 어째서 9만 리나 올라가 남해로 가려고 하는가.' 교외의 들판에 나가는 사람은 세 끼니의 식사만으로 돌아와도 아직 배가 부르지만, 백 리 길을 가는 사람은 하룻밤 걸려 곡식을 찧어야 하고 천 리 길을 가는 사람은 석 달 동안 식량을 모아야 한다. 그러니 이 조그만 날짐승들이 또한 어떻게 대붕의 비상을 알랴.

—『장자』, 「내편」 중 '소요유', 신주리 옮김

"장자가 볼 때, 물을 3천 리나 튀기고 9만 리 높이 수직 상승하는 큰 붕새나, 바람을 타고 날 수 있는 열자는 비록 높이 날지만, 모두 바람에 의지해야 가능한 일이었다. 만일 바람의 힘을 빌지 않고 아득한 우주 공간을 향해 날아오를 수 있다면 이것이야말로 소요가 아니겠는가? 장자는 「소요유」라는 명편에서 바로 장자가 추구하던 인생을 이야기하였다"(위의 책, 80쪽.).

장자가 비유한 북녘 바다의 물고기 '곤(鯤)'이 날개가 달려 새로 변하면 '붕(鵬)'이 된다. 이 '붕'이 날개를 펼쳐 남쪽 바다로 갈 때 물길을 가르는 것이 삼천리, 요동쳐 오르는 것이 구만리였다. 6개월을 날은 후 쉴 정도로 과장된 허구의 새이다. 장자는 허구의 이야기를 잘 아는 제해(齊諧)라는 사람의 말을 인용하여 자기 생각과 느낌을 더하여 우의(寓意)의 이야기로 풀어낸다.

장자처럼 현실을 초월한 자유로운 삶을 추구해야 한다. 장자는 초현실적 자유로움을 추구했다. 이것은 모든 인간이 꿈꾸는 이상향이다. 시적 화자를 장치할 때도 초현실적인 자유로움을 좇아 이상향을 꿈꾸는 것을 반영해 볼 수도 있을 것이다.

물고기가 새로 변화한다는 논리는 진화론이다. 매우 과학적인 사유의 결과물일 수 있다. 제해의 이야기를 인용한 것이지만, 그 시대에 장자가 진화론적 사유를 풀어낸 것 자체만으로도 사상가답다.

4.
장자의 소설(小說)

 동양 최초로 『장자』에서 '소설(小說)'이라는 말이 처음 등장한다. 지금 우리가 부르는 소설(사실 또는 작가의 상상력에 바탕을 두고 허구적으로 이야기를 꾸며 나간 산문체의 문학 양식. 일정한 구조 속에서 배경과 등장인물의 행동, 사상, 심리 따위를 통하여 인간의 모습이나 사회상을 드러낸다.)과 거리는 있다. 동양에서는 운문을 중시하면서 소설과 같은 산문은 '삿되고 가치 없는 이야기'라고 비하하였다. 초기의 소설에 관한 사회적 통념이 그랬다. 운문 문학의 전통이 강한 문화권에서 소설은 하찮고 보잘것없는 이야기라는 인식이 강했다.

 물고기와 관련한 이야기를 읽어 본다. 최초의 소설이라고 히는 '외물'의 내용이다. 이는 동양 최초로 소설(小說)이라는 용어를 사용했기 때문이다.

 임공자(任公子)가 큰 낚시와 굵고 검은 줄을 준비한 다음, 오십 마리의 황소를 미끼로 하여, 회계산(會稽山)에 걸터앉아 낚싯대를 동해에 던졌다. 매일 낚시질을 계속하였으나 일 년이 넘도록 고기를 잡지 못하였다. 그러나 결국은 큰 고기가 낚시를 물더니 큰 낚시를 끌고 물속으로 잠겨 들어갔다가는 뛰어오르면서 등지느러미를 떨치니, 산더미 같은 흰 물결이 솟아오르며 바닷물이 진동

하였다. 그 소리는 귀신들의 울음소리와 같아서 천리 떨어진 곳 사람들까지도 두려움에 놀라게 하였다. 임공자는 이 물고기를 잡아가지고 고기를 썰어 건포로 만들었다.

절강(浙江) 동쪽으로부터 창오(蒼梧) 북쪽에 이르는 고장 사람들은 모두가 이 고기를 실컷 먹었다. 그리고 세상의 재주를 겨루며 얘기하기를 좋아하는 무리들이 모두 놀라서 이 얘기를 전하였다.

작은 낚싯대의 가는 줄로 도랑에 가서 송사리나 붕어를 노리는 낚시질을 하면, 큰 고기를 잡는다는 것은 어려운 일이다. 그처럼 쓸데없는 작은 이론[小說]을 꾸며 높은 명성을 추구해 보았자, 크게 출세하는 것과는 역시 거리가 먼 일이 될 것이다. 그러므로 임공자의 그러한 얘기를 들어 보지 못한 사람들은 세상에서 제대로 행세하지 못할 것은 분명한 사실이다.

— 『장자』, 「잡편」 중 '외물', 김학주 역

인용문처럼 『장자』에서 '소설(小說)'을 "쓸데없는 작은 이론[小說]"이라고 했다. 그렇다면 소설(小說)에 대응하는 대설(大說)은 무엇인가? 이는 사서오경(四書五經)을 이르는 말이다. 곧 《논어》, 《맹자》, 《중용》, 《대학》의 네 경전과 《시경》, 《서경》, 《주역》, 《예기》, 《춘추》의 다섯 경서를 이르는 말이다. 이것만 보더라도 동양에서 소설을 경시했음을 알 수 있다.

학문에서든 삶의 과정에서든 대설도 매우 중요하다. 하지만 현대인의 상상력을 촉발하게 하는 소설의 허구에 빠져 보는 것도 괜찮을 것 같다.

5.
장자의 나무 이야기

　장자의 우화에 나오는 오래 산 커다란 참죽나무(大椿樹)가 있다. 이 나무의 한 살은 1만 6천 년이었다. 그 그늘에 사람들이 쉬어 갔다. 사람에게 쓰임이 없어 오래 살아남아 큰 그늘을 만들었다는 우화이다. 쓰임이 없어 살아남았지만, 그 그늘은 쓰임이 있다는 비유이다.

　장자의 우화에 나오는 대춘수(大椿樹)는 오래 산 커다란 참죽나무이다. 장자는 "계수나무는 먹을 수 있으므로 베어지고, 옻나무는 쓸 수 있으므로 껍질이 벗겨진다. 사람들은 모두 유용의 쓰임은 알지만, 무용의 쓰임은 아무도 알지 못한다."라며 '유용의 쓰임'과 '무용의 쓰임'을 비유했다. 장자는 유용과 무용을 상대적인 것이라 여겼다. 쓰임이 없어 살아남은 장자의 나무 그늘처럼 '무용의 쓰임'을 시에 장치한다면 훌륭한 창조적 상상력으로 작용할 것이다. 두 편의 우화를 이어서 간략히 읽어본다.

　장석(匠石)이 제나라로 가다가 곡원(曲轅)에 이르러 그곳 사당 앞에 서 있는 가죽나무를 보았다. 그 나무의 크기는 수천의 소를 가리울 만하고, 재어 보니 백 아름이나 되며, 그 높이는 산을 굽어볼 정도이고, 열 길이나 올라가야 가지가 있으며 배를 만들 수 있는 정도의 나뭇가지도 여남은 개나 되었다. 때마침 구경꾼들이 장을 이루고 있었다. 그러나 장석은 돌아다보지도 않고 자꾸 가기만 했다. 그의 제자들은 실컷 구경을 하고 나서 장석을 뒤쫓아 달려가 물었다.

"저희가 도끼를 잡고서 선생님을 따른 후로 여지껏 이렇게 좋은 재목을 보지 못했는데, 선생님은 보시지도 않고 자꾸 가기만 하시니 어째서입니까?"

"그만두어라. 더 말하지 말라. 그것은 쓸 데도 없는 나무다. 그것으로 배를 만들면 가라앉을 것이고, 그것으로 관을 만들면 쉬 썩을 것이며, 그것으로 그릇을 만들면 속히 깨질 것이고, 그것으로 문을 만들면 진이 흐를 것이며, 그것으로 기둥을 만들면 좀이 먹을 것이다. 이것이야말로 재목이 될 수 없는 나무로서 아무 쓸데가 없다. 그래서 이렇게 수명이 긴 것이란다."

(……)

남백자기(南伯子綦)가 상구(商丘) 지방을 유람할 때 큰 나무를 보았다. 그 나무는 보통 나무와 달라 그 나무의 그늘 속에 네 마리의 말이 끄는 수레 천 대를 숨길 만했다. 그래서 남백자기는 말했다.

"이것이 무슨 나무인가? 이것은 반드시 특이한 재목이 되겠다."

그는 이렇게 말하면서 그 나뭇가지를 우러러보았다. 그러나 그 가지는 꾸불꾸불해서 도리나 대들보로도 쓸 수가 없고, 또 그 밑동을 보니 뒤틀리고 속이 비어 관(棺)도 만들 수가 없었다. 그리고 그 잎을 따서 씹어 보니 입안이 부르터 상처가 나고, 냄새를 맡으니 3일 동안이나 취해서 깨어나지 못했다. "이것은 과연 쓸모가 없는 나무로구나. 그래서 이렇게까지 자랐구나. 아, 저 신인(神人)들도 이 나무처럼 쓸모가 없었기에 천명을 즐길 수가 있는 것이로구나."

— 『장자』, 「내편」 중 '인간세', 이석호 역

인용문처럼 인간도 무용(無用)의 쓰임처럼 처세할 필요가 있다. 재능이 뛰어나면 시기 질투 때문에 천수를 누리지 못할 수 있다. 지혜롭게 처신하여야 한다는 의미가 담겨 있다.

또한, "저 신인(神人)들도 이 나무처럼 쓸모가 없었기에 천명을 즐길 수가 있는 것"이라고 강조한다. 신(神)은 비현실적이고 초월적인 쓸모는 있지만, 현실적 쓸모가 없다는 말일 것이다. 인간의 현실 세계에서 별 쓸모가 없어 천명을 누릴 수 있다고 본 것이다. 이는 현실 세계에 쓸모 없는 초월적 신에 대한 비판이기도 하다.

  '그늘나무'의 사전적 의미는 '정자나무'와 동의어이다. 나아가 '정자나무'를 접할 때 '장자(莊子)의 나무'가 떠오를 것이다. 그 그늘의 쓰임 때문이다. 장자의 계수나무와 옻나무의 비유처럼 '유용의 쓰임'과 '무용의 쓰임'을 비유해 보면, 삶을 조탁할 수 있음과 동시에 창조적 상상력이 폭발할 것이다.

6.
장자의 나비 꿈

'장자의 호접지몽(胡蝶之夢)', 즉 '장자의 나비 꿈'은 『장자(莊子)』의 「제물론(齊物論)」마지막 장에 나온다. 장자(莊周)를 주체로 하여 일인칭 시점으로 함축해서 말하면, 장자는 "내가 나비인지 나비가 나인지 모르겠다."라며 자기와 나비의 일체를 말하였다. 즉, 물아일체를 말했다.

'장자의 호접지몽'이 무엇인지 살펴본다. 나비가 된 꿈. 장자(莊子)가 나비가 되어 날아다닌 꿈이라는 뜻으로, 물아일체의 경지, 또는 인생의 무상함을 비유하여 이르는 말이다. 그리고 장주(莊周, 장자)는 꿈에 나비가 되었다. 펄펄 나는 것이 확실히 나비였다. 스스로 유쾌하여 자기가 장주인 것을 몰랐다. 그러나 얼마 후 문득 꿈에서 깨어 보니 자기는 틀림없이 장주였다. 장주가 나비 된 꿈을 꾼 것인지, 아니면 나비가 장주가 된 꿈을 꾼 것인지 알 수가 없었다. 그러나 장주와 나비는 분명히 구분이 있을 것이니, 이를 일러 만물의 변화라고 하는 것이다.

'장자의 호접지몽'에서 장자와 나비는 분명 별개의 사물이다. 물아의 구별이 없는 만물 일체의 절대 경지에서 보면, 장자도 나비도 꿈도 현실도 구분이 없다. 다만 만물의 변화만 있을 뿐이다. 이로부터 유래하여 '호접지몽'은 피아(彼我)의 구별을 잊는 것, 또는 물아일체의 경지를 비유할 때 사용해 왔다. 오늘날 덧없는 인생을 비유할 때 사용하기도 한다.

이를 인용한 옛시조가 있다. 조선의 문인들은 시조에 고사를 인용하는 인유법을 흔히 사용했다. 조선 영조 때 이정보(1693 ~ 1766, 학자, 문인)의 시조를 읽어 본다.

> 장주(莊周)는 호접(蝴蝶)이 되고 호접(蝴蝶)은 장주(莊周) 되니
> 호접(蝴蝶)이 장주(莊周)런지 장주(莊周) 아녀 호접(蝴蝶)이런지
> 즉금(卽今)에 칠원수(漆園叟)가 없으니 물을 데 몰라 하노라.
> — 이정보,「장주는 호접이 되고」전문

이정보는 초장과 중장에 장자의 '호접지몽(胡蝶之夢)'을 인용하였다. 종장의 칠원수(漆園叟)란, 장자가 주나라 칠원(漆園)에서 오래 머물렀다. '칠원의 늙은이[叟]'라는 의미이다. 곧 장자를 일컫는 말이다. 지금은 장자가 죽고 없으니 물을 곳을 몰라 한다며 답답한 심정을 표출한 시조이다.

오늘날 시조 작법으로 보면, 모방 시조 혹은 치열성을 상실한 시조로 읽힐 수밖에 없다. 옛시조의 특성상 문제 삼을 일은 아니다. 장자의 '호접지몽' 이야기를 이해하기에 안성맞춤 시조임이 분명하다.

여기서 '장자의 호접지몽'을 역설 측면에서 보면, 현실과 문명의 모순을 폭로하고 그 반대인 자연 상태의 자유로운 삶을 부각한다. 그 역설은 문명의 모순을 폭로한다. 그 모순의 반대편 혼돈에서 벗어나 자연을 이상화한다. 장자의 역설에 대해 기존의 상식과 가치를 전복하는 자유로운 사유의 서성거림으로 이해할 수 있을 듯하다.

나비의 날갯짓과 자유로움에 주목해 보면, 가스통 바슐라르의 네 원소론 중에 공기적 상상력과 일맥상통함을 읽을 수 있다.

7.
장자의 천명(天命)

『장자(莊子)』의 「외편」 '지락(至樂)'에서 장자는 아내가 죽자, 대야를 두드린다. "아내 죽은 날 대야 두드리며 노래 부르던 장자"라는 고전 일화를 깊이 사유해 볼 필요가 있다. '대야'는 '질그릇', '동이', '항아리'라고 이해하면 무리가 없다.

장자의 친구인 혜시(惠施)가 장자의 아내가 죽었다는 소식을 접하고 조문을 갔을 때, 마침 장자가 질그릇을 두드리며 노래를 부르고 있었다. 이를 읽어 본다.

장자의 아내가 죽자 혜자는 조상을 간다. 그때 장자는 바야흐로 두 다리를 뻗고서 동이[盆]를 두드리면서 노래를 부르고 있었다. 그래서 혜자는 말하기를, "자네는 부인과 함께 살면서 자식도 기르고 몸이 함께 늙어가다 죽었는데, 곡을 하지 않는 것은 혹 그럴 수도 있겠으나 동이를 두드리면서 노래까지 부르는 것은 너무 심하지 않은가?" 하니, 장자는 이렇게 대답했다.

"그렇지가 않네. 그가 처음 죽었을 때 내가 어찌 슬퍼하지 않았겠는가? 그러나 그가 태어나기 이전의 처음을 살펴볼 때 원래 생명력이 없었네. 생명이 없었을 뿐 아니라, 본래 기(氣)도 없었네. 흐릿하고 아득한 사이에 섞여 있다가 변해서 기가 생기고 기가 변하여 형체가 생기고 형체가 변하여 생명이 갖추어

졌네. 그것이 지금 또 바뀌어 죽음으로 간 것이네. 이것은 춘하추동 네 계절이 번갈아 운행하는 것과 같네. 그 사람은 바야흐로 천지 사이의 큰 방에서 편안히 자고 있네. 그런데 내가 큰소리로 따라서 운다면 스스로 천명에 통하지 못하는 것 같으므로 울기를 그쳤네."라고 했다.

— 『장자』, 「외편」 중 '지락', 이석호 역

인용문은 현대 과학적 사고로도 충분히 이해 가능하다. 정자와 난자는 무(無)에서 생겨난다. 어머니 자궁 속에서 태아의 형체가 만들어져 생명을 얻는다. 열 달 동안 형체가 변하여 인간으로서 형체가 갖추어지면 탄생한다. 그 후 유아에서 아동으로, 청소년으로, 성인으로, 노인으로, 주검으로, 흙으로 변화해 가는 자연의 순리에 관한 이야기이다. 이런 자연 순환은 노자의 '대(大)→서(逝)→원(遠)→반(反)'의 무한순환(無限循環)과 똑같은 의미이기도 하다.

장자의 천명(天命)에 관한 깨달음의 이야기이다. 이는 장자의 자연 순환에 관한 깨달음이라서 아내의 죽음마저 슬프지 않다는 감성 지점까지 흘러간다. 예나 지금이나 이를 공감하기에는 감성적 한계가 있는 듯하다. 이 이야기에서 우주와 자연의 형체는 변화무상하다. 늘 변화해 간다. 우주, 자연, 사회 현상은 고정불변의 관점에서 바라보지 말아야 한다는 깨달음이 담겨 있다.

우리가 몸을 싣고 살아가는 우주와 자연은 늘 변화무상한 움직임으로 형체가 변화해 간다. 이를 잊지 말자.

8.
장자의 손톱

『장자』의 형식은 반문명적이고 반체제적인 우화(寓話)이다. 그러면서 풍자와 반어이다. 주 내용은 참된 삶을 향한 인생론이다. 장자 스스로 철학서가 아니라 우화라고 밝혔다. 우언과 중언(重言)에는 역설과 반어적인 표현이 많다.

『장자(莊子)』의 「덕충부(德充符)」에 노나라 애공의 질문에 대답하는 공자의 말이 나온다. 이중 "천자의 후궁이 되면 손톱을 깎거나 귀를 뚫지 못하게 한다."라는 공자의 대답이 나온다. 그 대목을 읽어 본다.

> 천자의 시녀가 된 여인에게는 그 아름다운 육체를 다치지 않게 하기 위하여 손톱도 깎지 못하게 하고 귀도 뚫지 못하게 합니다. 또 새로이 장가를 간 사람에게는 그 젊은 아내를 위하여 숙직도 면해 주고 부역도 시키지 않습니다.
> ―『장자』, 「내편」 중 '덕충부', 이석호 역

공자는 손톱을 깎지 못하게 하는 이유를, 여인의 몸을 다치지 않게 하기 위함이라 하였다. 이를 역설과 반어적인 표현이라 볼 때, 이 대목에서 주체와 객체를 전도하여 상상력을 발휘해 볼 필요가 있다. 즉, 주객전도의 상상력을 촉발해야 한다. 분명한 것은 공자의 말과 반대로 깎은 손톱은 천자에게 상처를 입힐 수도 있는 무기이기도 하다. 상처를 입는다는 측면에서 시각을 달리할 필요가 있을 것이다.

또한, 시인이 장자의 손톱을 달리 변용하고자 할 때 손톱의 생장 속도와 결부할 수도 있을 것이다. 손톱의 생장 속도와 관련하여 장자적 상상력을 발휘하여 시에 반영하면 새로운 맛이 날 것이다.

손톱의 생장 속도가 과학적으로 지구 자전 속도보다 빠를까? 손톱의 생장은 지구가 스스로 한 바퀴 돌 때 대체로 0.1mm 정도 자란다고 알려져 있다. 분명한 것은 시는 과학이 아니다. 비과학적인 허구가 시적 상상력을 촉발시킨다.

인용문 후반부의 "새로이 장가를 간 사람에게는 그 젊은 아내를 위하여 숙직도 면해 주고 부역도 시키지 않"음에 주목해 본다. 우리의 역사에도 이런 복지 정책을 시행했다. 조선의 세종대왕은 아이를 낳은 여노비에게 100일 동안의 출산 휴가 제도를 시행했다. 남자 노비한테는 30일 동안의 육아 휴가 제도를 시행했다. 예나 지금이나 복지 정책의 중요성은 변함이 없다.

9.
장자의 숲과 기러기

 장자의 우화에 나오는 나무숲 이야기를 되새겨 본다. 숲에서 나무의 쓰임, 친구의 집에서 기러기의 쓰임에 관해 사유를 이끌어 간다. 나무는 쓰임이 없어 살아남았지만, 울지 못하는 기러기는 쓰임이 없어 죽는다. 유용의 쓰임과 무용의 쓰임을 비유하여 말한다. 우화 한 편을 읽어 본다.

 장자가 산속을 가다가 가지와 잎이 매우 무성한 큰 나무를 보았다. 그런데 나무를 베는 사람이 그 곁에 멈춰 서 있으면서 그 나무를 베려 하지 않았다. 그래서 그 까닭을 물으니, "쓸모가 없습니다." 하였다. 이에 장자는 "이 나무는 쓸모가 없기 때문에 하늘이 준 목숨을 살 수가 있구나!" 하였다. 이윽고 장자는 산을 나와 친구의 집에서 묵었다. 친구는 기뻐하면서 종아이더러 기러기를 잡아 요리를 하라고 했다. 그러자 그 종아이가 묻기를 "한 놈은 잘 울고 한 놈은 울지를 않는데, 어떤 것을 잡을까요?"라고 했다.
 이튿날 제자들이 장자에게 묻기를, "어제 산속의 나무는 쓸모가 없기 때문에 천수를 살 수가 있었고, 오늘 주인집의 기러기는 쓸모가 없어서 죽으니, 선생님께서는 어느쪽에 몸을 두시고자 합니까?" 하자 장자는 웃으면서 이렇게 말했다.

"나는 장차 쓸모가 있는 것과 쓸모가 없는 것의 중간에 처하리라. 그러나 쓸모가 있는 것과 쓸모가 없는 것의 중간은 도에 비슷하지만 진실한 도는 아니다. 그러므로 화를 면할 수는 없다. 대체로 저 도덕을 타고 떠돌아 노는 사람은 그렇지가 않다. 그에게는 명예도 없고 비방도 없으며 어느 때는 용이 되고, 어느 때는 뱀이 되며, 때를 따라 함께 변화하면서 하나에 집착하는 일이 없다. 어느 때는 올라가고, 어느 때는 내려오며 화합하는 것으로써 도량을 삼는다. 마음을 만물의 근원인 도에 소요케 하여 물(物)을 물로써 부리고 물에게 자신을 사역당하지 않으면 어찌 물에게 화를 당하겠는가?"

―『장자』,「외편」중 '산목', 이석호 역

나무와 기러기의 우화를 '쓰임'이라는 측면에서 보면, 체용(體用) 철학과 연관성이 있다. 이는 근원과 쓰임, 쓰임과 근원에 대한 사상이다. 이는 "달걀이 먼저냐, 닭이 먼저냐?"라는 물음을 꼬리 물고 사유하는 방식과 연관성이 있다. 장자는 "물(物)을 물로써 부리고 물에게 자신을 사역당하지 않으면" 물에게 화를 당하지 않는다고 강조한다. 이 체용(體用)은 노자의 '도(道)의 체용(體用)' 측면에서 보면, 순환 복귀한다는 반(反)에 해당한다. 유교의 중용(中庸)과 겹쳐 읽히기도 하는 대목이다.

10.
장자의 밤나무 숲

장자의 우화에 나오는 나무숲 이야기 가운데 약육강식에 관한 밤나무 숲 우화 한 편을 더 읽어 본다. 매미를 노리는 사마귀, 사마귀를 노리는 까치, 까치를 노리는 장자, 장자를 노리는 숲지기라는 이야기 구조와 상상력이 매우 돋보인다. 이는 자연 속 힘의 작용에 관해 창조적 상상력으로 꾸며낸 우화이다. 아래 인용문은 장자가 밤나무 숲을 배경으로 그의 제자 인차(藺且)와 문답한다

장자가 어느날 조릉(雕陵)이라는 밤나무 숲의 울타리에서 놀다가 한 마리 이상한 까치가 남쪽으로부터 날아오는 것을 보았다. 그 까치 날개의 넓이는 7척이나 되고 눈동자의 직경도 한 치나 되었는데 장자의 이마를 스치고 날아가 밤나무 숲에 가 앉는다. 장자는 마음속으로 '이것은 어떤 새인가? 그렇게 큰 날개를 가지고도 높이 날지 못하고 그렇게 큰 눈을 가지고도 사람도 보지 못하나.' 하고서, 바지를 걷어 올리고 재빨리 걸어가 화살을 잡아 끼우고 있었다. 그때 살펴보니 한 마리 매미가 기분 좋게 나무 그늘에 앉아 자신도 잊어버리고 신나게 놀고 있었다. 그리고 그 곁에는 한 마리 사마귀가 나뭇잎에 숨어 그 매미를 노리고 있는데 자신마저 잊고 있었다. 그런 그 곁에는 그 이상한 까치가 기회를 타서 이 사마귀를 잡으려고 눈독을 들이느라고 자신도 잊고 있으면서

장자에게 잡히는 것도 모르고 있었다. 장자는 이를 보고 놀라, '아, 만물은 서로 해치고 이해는 서로 얽혀 있구나!' 하고서 활을 버리고 돌아왔다. 그러자 밤나무 숲을 지키는 사람은 장자가 밤을 따가려는 도둑인 줄 알고 뒤를 쫓아오면서 욕을 하였다.

— 『장자』, 「외편」 중 '산목', 이석호 역

인용문에는 장자의 관찰력이 돋보인다. 숲속에서 까치, 사마귀, 매미라는 먹이 사슬을 한꺼번에 꿰뚫어 본다. 그야말로 숲만 보는 것이 아니라, 숲속 먹이 연쇄의 생명체를 세세하게 들여다본다. 이는 천수를 누릴 수 있는 장자의 처세관이 녹아 흐른다. 특히 사마귀가 매미를, 까치가 사마귀를, 장자가 까치를 해치려 한다. 이를 다시 정리하면, 장자→까치→사마귀→매미 순으로 해치려고 한다. 여기서 반전은 장자도 밤나무 숲지기에게 쫓겨 도망을 간다.

이 우화는 약육강식의 교훈이 담겼다. 또한, 뫼비우스의 띠처럼 가해자가 피해자이고, 피해자가 가해자이다. 삶의 이치인 흑과 백, 참과 거짓이 맞물려 있음을 읽을 수 있다.

세상의 모든 것이 얼기설기 이해관계로 엮여 있음을 간결하게 묘사한 것이라는 측면에서 장자이 우화는 매우 교훈적이다. 이 이야기를 되새기며 살아가야 할 것이다. 때로는 삶의 과정에서 팽팽한 경계심이 필요하다. 느슨한 경계심으로 인해 사기를 당하기도 한다. 늘 조심하자.

11.
장자의 개구리와 바다

우리는 흔히 '우물 안 개구리'라는 말을 사용한다. 이는 좁은 시야의 사람, 무지(無知)한 사람, 고집쟁이 등 자아도취에 빠져 사는 사람을 일컫는 비유로 사용한다.

『장자』에 대해 장자는 스스로 "짐승들의 말을 빌려 비유하는 우화가 열에 아홉이며, 옛 성인들의 이름을 빌려 비꼬아서 말하는 풍자가 열에 일곱"이고, "도덕과 정치, 법과 경영 등 정언은 승자들의 담론이고 반어와 역설은 패자들의 담론"이라고 말했다. 우언과 중언(重言)에는 역설과 반어적인 표현이 많다. '우물 안 개구리'와 관련한 우화를 읽어 본다.

"우물 안의 개구리는 바다를 말할 수 없으니 우물에 구속되어 있기 때문이요, 여름에만 사는 벌레가 얼음에 대하여 말할 수 없는 것은 자기가 사는 여름만 시절인 줄 굳게 믿기 때문이며, 촌스런 선비가 도를 말할 수 없는 것은 속된 가르침에 속박되어 있기 때문이네. 그런데 지금 자네는 냇물에서 나와 곧 바다를 보고서 곧 자네의 잘못을 아니, 자네와는 큰 이치를 말할 만하네. 천하의 물 중에서 바다보다 더 큰 것이 없고 모든 냇물이 그리로 흘러들어가 영원히 정지하는 일이 없고 그렇다고 또 물이 가득하지도 않네. 미려(尾閭)로 물이 새어 나가 어느 때에 그 새어나감이 그칠 줄은 모르지만, 그렇다고 아주 말라

버리는 일이 없네. 봄에나 가을에도 변함이 없고 장마 때나 가뭄에도 아랑곳하지 않네.

—『장자』, 「추수(秋水)」, 이석호 역

  인용문은 『장자』의 「추수(秋水)」의 일부이다. 장자는 처음에는 우물 안 개구리로 시작하지만, 결국에는 모든 물을 품는 바다의 넉넉함을 말한다. 이는 개구리를 내세워 넓은 바다, 즉 넓은 세상을 비유한 것이다.

  여름의 풀벌레는 겨울의 얼음을 알 수가 없다. 이는 하루살이가 한 달이라는 시간을 알 수 없는 이치와 같은 것이다. 작은 물에서 노니는 물고기는 큰물을 알 수 없는 이치와도 같다. 사람도 큰물에서 놀아야 시야가 넓어지고 성찰의 폭이 커진다.

  모든 물을 품는 바다의 넓은 품은 자연의 현상이면서 삶의 이치와도 같다. 우리 인간은 늘 우물 안 개구리 신세와 같다. 개구리는 드넓은 바다의 일각마저 이해할 수 없는 존재이다. 늘 넓은 품과 시야, 넓게 열린 생각을 품고 살아가자.

  우물 안 개구리처럼 살지 말자!

12.
장자의 해골

장자는 삶과 죽음의 초월에 관한 해골 이야기를 남겼다. 이는 해골을 내세워 사후 세계, 즉 저승에 대해 언급한 것이다. 분명한 것은 삶과 죽음이 하나임을 말한 것이다. 즉, 생사일여(生死一如)를 말한 것이다. 살아서 무위로써 지락을 얻고, 죽어서도 무위로써 지락을 얻는다는 의미이다.

장자가 초나라로 가다가 도중에서 텅 빈 해골을 만났다. 바짝 마른 형태로 남아 있었다. 장자는 말채찍으로 해골을 때리면서 말했다.

"자네는 삶을 탐내어 도리를 잃어 이렇게 되었는가? 혹은 자네는 나라를 망친 일 때문에 사형을 당하여 이렇게 되었는가? 혹은 자네는 나쁜 일을 하여 부모·처자에게 오명을 남긴 것을 부끄러워하여 자살이라도 하여 이렇게 되었는가? 혹은 춥고 배고픈 근심 때문에 이렇게 되었는가? 혹은 자네는 천수를 다 살았기 때문에 이렇게 되었는가?"

이렇게 말하고 장자는 그 해골을 끌어다가 베고 누워서 잠이 들었다.

밤중에 해골은 장자의 꿈에 나타나 "자네의 많은 변사(辯士)와 같았네. 그러나 자네가 말한 여러 가지는 살아 있는 사람들의 허물이고, 나처럼 죽은 사람은 그런 걱정이 없네. 자네 죽음에 대한 이야기를 듣고 싶은가?" 하므로 장자는,

"그러세"라고 하자, 이어 해골은 말하기를,

"죽음의 세계에서는 위로 임금도 없고, 아래로 신하도 없으며, 또한 네 계절의 변화도 없네. 조용히 천지와 수명을 같이할 뿐이네. 거기에서는 임금의 즐거움도 그 즐거움을 넘어서지 못하네."라고 하였다. 장자는 그 말을 믿으려 하지 않으면서,

"내가 생명을 맡은 신으로 하여금 자네의 형체를 재생시켜 자네의 골육과 피부를 되살리게 하여 자네의 부모·처자나 마을 사람들에게 알리고자 하는데, 자네는 그것을 바라는가?" 하자, 해골은 눈썹을 깊이 찡그리고 콧마루를 찡그리면서,

"내가 어찌 임금님의 즐거움과 같은 여기에서의 즐거움을 버리고 다시 인간 세상으로 나가 고생을 하겠는가?" 하였다.

— 『장자』, 「지락(至樂)」, 이석호 역

인용문에서 장자는 해골을 향해 경멸하는 말을 내뱉는다. 그리고 죽은 자와 대화를 나눈다. 장자가 죽은 자와 말을 나눌 수 있다는 것은 영적 혜안이 꽤 높았다는 말이기도 하다. 하지만 꿈에서 나눈 대화이므로 영적 혜안과는 거리가 멀다. 장자의 '호접지몽'처럼 꿈속의 이야기이다. 그러나 해골을 베고 잠들 수 있다는 점에서 장자는 매우 대범한 사람이었던 것 같다. 오늘날의 말로 '간이 부은 자' 혹은 '간이 큰 자'였음이 분명하다. 해골에 고인 물을 마신 신라의 원효와 같은 깨달음을 얻은 혜안이 열린 자임이 분명한 듯하다.

이 이야기는 살아서도 죽어서도 참다운 즐거움이 있다는 의미를 내포한다. 너무 죽음에 초점을 맞추면, 장자의 '죽음 예찬론'으로 오독(誤讀)할 수도 있을 것이다. 하지만 죽음 예찬론이라기보다는 삶의 과정이 더 중요하다는 의미일 것이다. 삶과 죽음이 하나임을 강조한 것이다.

현세에서 살아가는 동안 인간답게 살자!

제6부

문인은 아무나 하나

꿈산은 시 풀어 읽기와 속아 읽기

1. 시인의 책무
2. 문학 정신을 회복 하자 1 — 산문정신 회복
3. 문학 정신을 회복 하자 2 — 시성신 회복
4. 문인을 아무나 하나
5. 상(賞)의 권위와 가치
6. 문학상과 상금을 받은 가짜 시인
7. 시인은 상상력을 불러일으키고, 안겨 주는 사람
8. 문예 창작에서 영감설은 퇴물 이론
9. 우리말을 옥죄는 시
10. 우리말의 목을 비트는 행위는 중단하자
11. 가짜 시인은 믿음도, 시도 짜가 — 가짜 목사와 사역자
12. 신앙 수필은 신앙 고백서 — 종교인도 가짜가 판치는 시대
13. 신앙 수필의 신념화 표현
14. 신앙 수필의 표현 기법

1.
시인의 책무

시인의 책무는 무엇인가?

시인의 책무에 관한 명문화 규범은 없다. 시 정신과 시인 정신을 말할 때, 시인의 책무를 언급하곤 한다. 대체로 시인의 책무를 다섯 가지로 요약할 수 있을 것이다. '첫째, 우리말을 빛나게 하는 일. 둘째, 만상을 수렴하는 일. 셋째, 사회 현상을 비판하는 일. 넷째, 삶을 성찰하는 일. 다섯째, 창조적 상상력을 발휘하는 일.' 등이다.

평자가 가장 많이 언급하는 책무는 첫째이다. 우리말을 빛나게 하는 일은, 우리의 사라진 언어, 죽어 가는 언어를 발굴하여 빛나게 하고, 시적 조어(造語)를 통해 새로운 언어를 창조하는 일을 게을리하지 말아야 한다는 뜻이다. 더불어 우리 문법에 맞게 시를 써야 한다는 의미이다. 시 창작에서 파격을 허용하는 수준을 벗어나 국적 불명의 번역체 문법으로, 과도한 문법 해체로, 우리말의 순수성을 파괴하지 말아야 한다는 의미이다. 나아가 우리 모국어로 쓰는 시에 외국어와 외래어를 무분별하게 채택하지 말아야 하고, 우리말과 우리글의 우수성을 널리 알려야 한다는 의미이다.

둘째, 만상을 수렴하는 일은, 우주 현상, 자연 현상을 꿰뚫어 들여다보고, 인간 삶의 현상에 만상을 겹쳐 놓고, 삶의 의미와 가치를 부여하는 일이다. 셋째, 사회 현상을 비판하는 일은, 사회 현상의 내부를 들여다보고, 모순을 진단하고, 비판하는 일이다. 넷째, 삶을 성찰하는 일은, 삶과 죽음을 사유하여 삶의 성찰과 깨달음을 안겨 주는 일, 존재론적 사유와 깨달음을 향해 나아가는 일이다. 다섯째, 창조적 상상력을 발휘하는 일은, 자유로운 창조적 상상력으로 새로운 시적 생명체를 발견하고, 역동적 생명력을 불어넣는 일이다. 이는 지각과 기억에만 의존하는 재생적 상상력에서 탈피하여 창조적 상상력으로 시를 창작하는 일이다.

가장 중요한 시인의 책무는 우리말을 빛나게 하는 일임을 누구나 다 알 것이다.

곽재구의 시 「전장포 아리랑」에 들어앉은 일본어 시어 '산마이'에 주목해 본다. 고등학교 국어 교과서에 실린 시이다. 전남 신안군 임자도의 전장포에 시비도 있다. 김관식의 칼럼·평문집 『문화·예술인의 자세』(2025)에서도 비판한 시 한 편을 읽어 본다.

> 아리랑 전장포 앞바다에
> 웬 눈물방울 이리 많은지
> 각이도 송이도 지나 안마도 가면서
> 반짝이는 반짝이는 우리나라 눈물 보았네
> 보았네 보았네 우리나라 사랑 보았네
> 재원도 부남도 지나 낙월도 흐르면서
> 한 오천 년 떠밀려 이 바다에 쫓기운
> 자그맣고 슬픈 우리나라 사랑들 보았네
> 꼬막껍질 속 누운 초록 하늘
> 못나고 뒤엉긴 보리밭길 보았네
> 보았네 보았네 멸치 덤장 산마이 그물 너머

바람만 불어도 징징 울음 나고
손가락만 스쳐도 울음이 배어나올
서러운 우리나라 앉은뱅이 섬들 보았네
아리랑 전장포 앞바다에
웬 설움 이리 많은지
아리랑 아리랑 나리꽃 꺾어 섬그늘에 띄우면서

— 곽재구, 「전장포 아리랑」 전문

　인용 시 11행의 "산마이 그물"에 주목해 본다. 일본어 발음의 원칙상 'さんまい(三枚)'를 '산마이'로 발음하지 않는다. '삼마이'로 발음한다. 그러나 한국의 어부, 노동자들이 노동 현장에서 통상 '산마이'라고 발음한다. 이는 세 장, 세 겹, 삼중이라는 의미로 사용한다. "산마이 그물"은 '삼중 그물', '세 겹 그물'을 의미한다.
　고등학교 국어 교과서에서 '삼중 그물'도 아닌 '산마이 그물'이라는 일본어가 버젓이 자리 잡은 인용 시를 볼 때면, 대한민국 시인의 의식 수준뿐만 아니라, 교과서 심의 위원의 의식 수준도 알 수 있다. 일본어를 무조건 거부할 일은 아니다. 적어도 미학적으로 가장 순수하고 아름다워야 할 글의 예술 시에 우리말을 옥죄는 일본어가 자리하면 곤란하다는 의미이다.
　이런 우리말을 옥죄는 시는 함량 미달일 수밖에 없다. 함량 미달의 시가 국어 교과서에 실린 자체만으로도 온몸에 열이 찬다. 일제 강점기에도 지켜 낸 우리글 우리말이다. 이렇게 천대해도 괜찮은 일인가?

2.
문학 정신을 회복하자 1
- 산문정신 회복

"문인은 많지만, 문학은 죽었다."라는 말을 자주 듣는다. 이와 더불어 '문학의 위기', 즉 '인간 정신의 위기'라는 말도 흔히 듣는다. 이 말은 문인의 수는 폭발적으로 늘었지만, 제대로 작품을 쓸 줄 아는 문인이 매우 드물다는 의미이다. 문학 작품에 시대정신과 가치, 인간 정신과 가치를 녹여 넣을 줄 모르는 가짜 문인이 너무나 많다는 뜻이다.

독자들은 시대정신과 인간 정신이 녹아 흐르지 않은 밋밋한 가짜 문학 작품의 홍수 속에서 실망감이 크다. 문인에 대한 존경심을 더는 품지 않는 추세이다. 비독자들은 시대정신이나 인간 정신에 관심조차 없어 문인에 대한 존경심마저 품지 않은 터라 중요하게 다룰 문제는 아닌 듯하다.

독자들의 실망감에 대한 책임은 문인의 몫이다. 문인들의 빈약한 문학 정신 탓이다. 함량 미달의 밋밋한 문학 작품으로 말미암아 은연중 독자나 비독자에게 밑바닥을 드러낸다. 스스로 무덤을 판 것이다. 문학 정신 회복을 향해 성찰의 길을 걸어가야 할 시점이다.

'참다운 문학 정신이란 무엇인가?'라는 명제 앞에 석고대죄하며 고투의 길을 걸어가야 한다. 문학 정신 회복을 통해 시대정신과 인간 정신을 회복하여야 한다. 즉, 인간성 회복을 향해 글을 써야 한다.

산문정신의 중요성을 강조해 본다. 산문정신이란, 사전적 의미로 "외형적 규범이나 낭만적 감상, 시적 감각을 배제하고, 현실을 객관적으로 탐구하여 자유로운 문장으로 표현하려는 문학상의 태도."(《표준국어대사전》)이다. 여기서 '현실을 객관적으로 탐구하여'라는 말에 방점을 두어야 한다. 이는 인간의 사회 현상, 시대 현상, 삶의 현상을 구체적이고 객관적으로 깊이 들여다본다는 의미이다. 결국, 산문정신은 왜곡된 시대정신, 인간 정신을 비판하고, 올바른 방향의 시대정신과 인간 정신을 제시하는 구실을 담당해야 한다.

산문정신의 회복이 곧 문학 정신 회복의 길이기도 하다. 물론 여러 방법 가운데 하나이지만, 그만큼 산문정신이 중요하다는 의미이다. 산문정신의 회복, 즉 문학 정신의 회복을 통해 시대정신, 인간 정신을 회복할 수 있기를 기대해 본다.

3.
문학 정신을 회복하자 2
– 시정신 회복

"한국 시인의 9할은 가짜다."라는 말을 자주 듣는다. 시인들끼리 '가짜 시'라는 말도 흔히 한다. 이 말은 제대로 시를 쓸 줄 모르는 시인이 대다수라는 의미이다. 가짜 시인의 대부분은 자기가 진짜 시인인 줄 착각한다. 자작시가 최고인 줄 착각도 한다. 착각은 자유이다. 나르시시즘에 빠져 살든 성찰의 길을 걸어가든 그건 개별자의 선택이다.

시인은 시에 진실성과 세계관을 녹여 넣는다. 즉, 시정신을 불어넣는다. 우주 현상, 자연 현상, 사회 현상, 인간 현상을 삶의 의의와 가치와 함께 버무려 넣는다. 즉, 시에 인간 삶의 가치, 시대정신, 인간 정신을 반영한다. 이를 반영할 줄 모른다면, 그건 분명 가짜 시인이다.

가짜 시인이 판치는 이유는 다양하다. 기대 수명이 늘어난 이후 은퇴자들이 쉽게 예술가로서 활동할 수 있겠다며 덤벼든다. 기초부터 천천히 다져 가며 습작 활동도 하고, 등단 절차를 밟아야 하지만, 문단의 상업성과 맞물려 입문 수준의 습작으로 급하게 등단부터 해댄다. 그때부터라도 열심히 정진해도 훌륭한 시인으로 성장할 수 있다. 하지만 대부분 산문에 행갈이를 하면 시인 줄 착각한다. 곧 자아도취의 늪에 빠져 버린다. 함량 미달의 시로 운이 좋아서 문학상과 상금을 받은 자의 대부분은 자신이 최고인 양 착각한다. 진짜 시인으로 거듭나거나 회생할 길을 찾지도 않고, 찾으려고 하지도 않는다.

여기서 시정신을 다시 상기해 볼 필요가 있다. 시정신이란, 사전적 의미로 "시에 나타난 글쓴이의 뜻.", "시 이전의, 글쓴이가 지닌 진실성이나 세계관."(《표준국어대사전》)이다. 가짜 시인들은 이 간단한 사전적 의미조차 읽어 내지 못한다. 이들은 일기의 문장을 시라고 말한다. 자전의 글을 시라고 주장한다. 산문을 행갈이 해 놓고 시라고 우긴다. 이게 시정신인 줄 착각한다. 즉, 시인의 의도, 시인의 진실성이나 세계관인 줄 착각한다.

가짜 시인들은 시에서 시인의 진실성과 세계관을 드러내기 위한 작법이나 표현, 수사법 따위는 외면한다. 아예 공부하려는 의지도 보이지 않는다. 오로지 밋밋한 글을 행갈이 하는 노력만 기울인다.

가짜 시인들의 행위를 보면, 한글만 알면 시인 행세를 할 수 있다고 착각하는 듯하다. 단 한 줄의 시다운 시를 쓸 수도 없으면서 명예욕을 앞장세우는 시인, 즉 가짜 시인 행세는 허영심에 불과하다. 정상적인 인간이라면 허영심은 경계해야 마땅하다.

시가 글의 예술이라 하더라도 글만 안다고 진짜 시를 쓸 수 있는 것은 아니다. 시 창작을 전공한 문학 석사, 박사라 하더라도 시를 능숙하게 수준급으로 쓸 수 있는 것은 아니다. 진짜 시인의 길, 진짜 시 창작의 길은 매우 험난하다. 그냥 하늘에서 뚝 떨어지는 것이 아니다.

시인이여, 시정신으로 똘똘 무장하여 올곧은 시인의 길을 걷자.

4.
문인을 아무나 하나

　시인이나 소설가가 '이름 모를 꽃', '~ 모습이다.', '~ 생각한다.'라고 표현한다면 정상적인 표현일까? 이는 구체적인 묘사를 포기하는 행위이다. 나아가 문인이기를 포기하는 행위이다. 필자는 오래전부터 아래와 같이 강조해 왔다.

　시인이나 소설가는 자연과 사물의 이름을 알든 모르든 그것을 형상화하고 구체적으로 묘사하는 과업을 수행해야 마땅하다. 그 과업을 포기하고 "이름 모를 꽃, 새, 곤충"이라는 가치 없는 표현을 작품에 삽입한다면, 스스로 시인이나 소설가이기를 포기하는 거나 다름없다. 완성도를 향한 고부와 치열성이 부족한 결과이다.

　이와 관련하여 『정민 선생님이 들려주는 한시 이야기』(2003)에서 강조한 내용을 더 읽어 본다. 문인이라면 뼈에 새겨 넣어야 할 이야기이다. 심지어 핏물과 뼛물에 녹여 넣어야 한다.

　어떤 소설가가 작품에 이렇게 썼다.
　"들판에는 이름 모를 꽃들이 바람에 흔들리고 있었다."

이것을 본 그의 스승은 버럭 화를 냈다.

"이름 모를 꽃이 세상에 어디 있어? 네가 그 꽃의 이름을 모른 것이지. 그 꽃에 왜 이름이 없어! 이따위로 소설을 쓰려면 당장에 집어치워."

정신이 번쩍 든 그 소설가는 그다음부터는 식물도감을 사 가지고 꽃과 나무에 대해 열심히 공부했다. 그 뒤로 그 소설가의 소설 속에 '이름 모를 꽃' 같은 표현은 찾아볼 수 없게 되었다. 소설의 배경이 가을이면 가을에 피는 꽃을 찾아 글을 묘사했다.

꽃을 비롯한 사물의 이름을 알면 더 좋지만, 모르더라도 이를 형상화할 수 있는 능력, 즉 묘사 능력을 겸비해야 한다. 만일 '~ 모습이다.', '~ 생각한다.'라고 표현했다면 구체적인 묘사를 포기한 행위이다. 스스로 짜가 시인임을 폭로하는 행위이다.

또한, '슬픈 모습', '기쁜 생각'이라는 표현은 '슬프다, 기쁘다'라는 직접 정서도 문제이지만, '모습'과 '생각'이라는 뜬금없는 말의 결합으로 인해 시적 표현과는 거리가 먼 산문에 불과하다. 산문을 그냥 행갈이 한다고 해서 시의 자격을 획득하는 것이 아니다.

'모습'과 '생각'을 그림 그리듯 간접 정서로 구체적으로 형상화해야 한다. 또한, 막연하게 생각이라 표현하기보다 신념화 혹은 이념화하거나 이상화하여 표현해야 한다.

문인을 아무나 하나? 문인의 길은 험난하다. 열심히 정진하여 진정한 문인으로 거듭나자.

5.
상(賞)의 권위와 가치

　인간은 의미 부여를 좋아한다. 작은 의미로 보면, 가족의 태어난 날을 기념하고, 백일, 돌, 결혼일을 기념한다. 나아가 죽은 날에 제사나 추모 모임을 한다. 큰 의미로 보면, 광복절을 비롯한 국가 차원에서 국경일을 지정하여 기념한다. 이 모두 인간이 시간, 즉 날짜에 부여하는 의미이다.
　'상(賞)'도 인간이 부여한 의미 가운데 하나이다. 상은 권위와 가치를 중시한다. "권위 있는 상이냐, 없는 상이냐?", "가치 있는 상이냐, 없는 상이냐?"는 대체로 집단적 판단일 것이다. 그러나 상의 권위와 가치는 집단적 판단이기에 모순도 있다. 그래서 개인적 판단도 매우 중요하다.
　최근(2024. 10.) 정년 퇴임을 앞둔 국립대학교 교수가 정부 훈장을 거부했다. 그는 '퇴직 교원 정부포상 미신청자 확인서'를 대학 측에 제출했다. 이는 '훈장 포기 신청서'이기도 하다. 현직 대통령 이름으로 주는 정부 훈장을 거부한 것이다. 주는 사람의 권위를 인정할 수 없어 가치 없는 상이라고 개인적 판단을 한 것이다. 이와 동일한 사례가 더 있다. 중등학교 정년 퇴직 교사들도 훈장을 거부했단다. 훈장은 국민이라는 집단적 판단 기준에서는 권위와 가치가 있지만, 그 교수와 교사들의 개인적 판단 기준에서는 권위도 없고, 가치도 없는 것이다. 당연히 그들의 결정을 존중해야 한다.

2018년 스웨덴 한림원의 성폭력 파문으로 '노벨 문학상' 권위가 바닥을 치기도 했다. 폐지하려는 움직임도 있었다. 현재(2024) '노벨 문학상'의 권위와 가치는 회복했다. 세계에서 권위와 가치를 인정한다. 인류의 보편적 판단이기도 하다. 그러나 한강 작가의 '노벨 문학상' 수상을 반대하거나 비난하는 개인이나 단체도 그들 나름대로는 주장이 있을 수 있다. '노벨 문학상'의 권위와 가치를 인정하지 않는다고 선언적 주장으로 충분한 일이다. 이를 확대 재생산하여 스웨덴 대사관 앞에서 집단으로 시위하는 것은 지나친 행위일 수 있다. 그 또한 그들의 판단에 맡길 문제이다.

오늘날 한국 문단에서는 버젓이 표절자나 범죄 경력자에게 문학상을 안겨 준다. 전국에서 발생하는 문제이다. 표절 행위는 그 작가가 죽은 뒤에도 사라지지 않는다. 표절작이 남아 있기 때문이다. 과거의 작품이라 하더라도 이를 인지한 순간 자체 윤리 관련 조직에 회부하여 진위를 밝혀야 함에도 표절자를 옹호하기에 급급해 왔다. 이미 권위와 가치를 상실한 문학상임에도 이런 상을 받겠다고 줄을 선단다. 상금, 즉 돈 때문이다. 한국 문단의 현주소이다.

인간의 허영심이 낳은 상 욕심의 끝은 어디까지일까? 문인과 문학 단체 스스로 허영심에 매몰되어 가는 현실에 경종을 울려야 할 시점이다. 이들 문학상 가운데 일부는 정부나 광역단체, 지자체의 지원금으로 조성한다. 한국 문단에서는 지원금 빼먹기와 나눠 먹기를 매우 잘한다. 매우 손쉽고 익숙한 일로 여긴다. 이들 문학상의 상금을 지원하는 정부, 광역단체, 지자체는 표를 의식하여 감사 기능을 스스로 마비시켜 놓았다. 어느 정도 인지하더라도 적극 행정으로 감사 기능을 작동시키지 않는다. 이를 외면하거나 묵인한다. 그나마 소극 행정으로 "지원금을 공정하게 집행하라."며 강조하기는 한다. 책임을 회피하기 위한 행정 편의주의적 발상이다. 고양이에게 생선을 던져 주고, 알아서 먹어

치우라고 방관하는 것이 문화 관련 행정의 현주소이다.

국민의 혈세를 빨아먹는 행위에 관해 못 본 척 방관하는 행정이 진정 국민을 위한 선진 행정일까? 이들 공무원은 자신의 소극 행정으로 인해 혈세 누수 현상이 발생한다면 배임 행위가 성립함을 누구보다 잘 안다. 그러함에도 이를 모른 척한다. 이를 두고 도덕 불감증의 시대라고 단정해도 무방할 것 같다.

조선 후기 몇몇 세도가가 자행한 매관매직, 과도한 세금 부과 등 백성의 피를 빨아먹고도 뉘우침이 없던 도덕 불감증과 별반 차이가 없다. 한 나라가 망해 갈 때 흔히 일어나는 현상이다. 신라와 고려가 멸망할 때도 그랬다. 복지부동하는 문화 관련 공무원들의 업무 태도를 볼 때면, 대한민국도 서서히 무너져 가고 있음을 느낀다. 이런 식으로 세월이 흘러가면 나라가 통째로 망할 수도 있을 것이다.

이들 문학상의 돈 빼먹기와 나눠 먹기 사례에서 보는 바와 같이 문제점이 있다. 상을 받는 사람의 공적도 중요하지만, 상을 주는 사람이나 단체의 권위도 매우 중요한 문제임을 일깨우는 사례이다. 허위 공적 혹은 과오를 숨긴 공적으로 신청한 사람에게 상을 주면 권위와 가치를 상실한다는 것쯤은 상식임에도 문단에서는 상식이 아니다. 또한, 상을 주는 사람이나 단체가 보편타당한 권위를 유지하느냐도 매우 중요하다. 우리나라에서 가장 중시하는 덕목인 윤리 도덕적 문제에 하자가 있다면 그 상은 가치를 상실한다는 것쯤은 상식임에도 문단에서는 상식이 아니다. 더 넓게 보면, 한국의 문화 관련 행정기관과 문단에서는 법과 상식이 통하지 않는다는 의미이기도 하다. 오로지 국민의 혈세 빼먹기와 나눠 먹기에만 혈안이다.

상의 권위와 가치는 상을 주는 사람이나 단체의 자정 능력과 정화 노력도 매우 중요한 문제이다. 스스로 상의 권위와 가치를 상실하게 하는 행위는 멀리함이 타당할 것이다.

6.
문학상과 상금을 받은 가짜 시인

시집을 받았다. 시집 앞날개 약력에 유명 문학상과 거금의 상금을 여러 차례 받았음을 기재해 놓았다. 국립대 국어국문학 석사 학위를 비롯해 매우 화려한 이력을 기재해 놓았다. 시는 대부분 함량 미달의 습작이었다.

묘사 시와 거리가 먼 진술 시로 일관한 시집이었다. 좋게 말하면 진술 시이고, 나쁘게 말하면 난삽한 설명조였다. 심지어 미주를 달아 설명해 놓기도 했다. 함량 미달의 시로 문학상과 상금을 받았다는 사실이 놀라울 뿐이다.

"이 시집에는 묘사가 없네요? 진술 위주의 시로만 엮었네요?"라고 말하자, 자신의 시는 이미지즘 시라고 항변했다.

"묘사 시와 진술 시의 의미를 모르시나요?"라고 묻자, 자신의 시는 남들이 이야기 시라고 말하더라며 동문서답을 했다.

"국문학 석사 학위도 취득했네요?"라고 말하자, 자신은 고전문학 전공자라서 시 공부를 단 한 번도 한 적이 없다고 답했다.

"시 공부를 했든 하지 않았든 시인으로 등단한 자체가 전문가입니다. 비전문가들의 어법으로 말하면 매우 심각합니다."라고 말하자, 자신은 시 공부를 하지 않았지만, 문학상과 상금을 받을 정도로 최고 수준이라는 의미로 말했다.

자아도취에 빠진 가짜 시인임이 분명했다. 등단한 뒤 문학상과 거금의 상금도 받고, 시집을 출간하였지만, 시의 수준은 함량 미달이었다. 가짜 시인들은 작법이나 표현법 자체를 모른다. 가장 기초적인 용어조차 모른다. 시에 관한 기초 이론조차 공부하지 않는다. 오로지 상금과 문학상을 쟁취하는 것에만 혈안이다. 상금과 문학상에 도전할 때 타인의 힘을 빌리기도 한다.

가짜 시인들에게 문학상과 거금의 상금을 준 공공 단체에서도 반성해야 한다. 심사 위원들의 식견과 역량을 충분히 검토해야 마땅하지만, 책정한 심사비를 서로 인맥으로 돌아가며 나눠 먹는다.

단 한 번도 시 공부를 하지 않은 자의 함량 미달의 응모작을 문학상 수상작으로 선한 것만으로도 웃음거리이다. 대한민국의 모든 시스템이 이렇게 허술한 것일까? 시 공부를 단 한 번도 하지 않고 시를 쓰고, 문학상과 상금을 받겠다는 마음가짐은 시인 정신과 거리가 멀다. 문학상과 상금이 그냥 하늘에서 뚝 떨어지기를 갈망한다면 그건 도둑놈의 심보이다. 만일 쟁취하더라도 이번 사례처럼 시집의 수준으로 말미암아 함량 미달임이 금방 들통날 수밖에 없다.

시 창작 전공자나 연구자라 하더라도 늘 수작을 창작할 수는 없다. 그래서 끊임없이 읽고 쓰고, 연마한다.

시인이여, 늘 성찰하자. 정진 또 정진하자.

7.
시인은 상상력을 불러일으키고, 안겨 주는 사람

　시인은 외부로부터 영감을 받는 사람이 아니다. 내부에서 상상력을 불러일으켜 창작한 시를 매개로 타인에게 상상력을 안겨 주는 사람이다. 그러함에도 불구하고, 아직 "그분(詩神)이 오셨다. 그분이 내려 주신 영감을 그대로 받아 적는다." 혹은 "하나님께서 계시한 시를 그대로 받아 적는다."라고 주장하는 시인을 종종 본다. 전자는 무속을 숭배하거나 추종하는 시인들이, 후자는 개신교 출석 교인이면서 교리와 무관하게 신비주의 신앙에 몰입하는 시인들이 내뱉는 말이다.

　21세기에 '주술적 영감'을 내세우는 시인이 존재한다는 점에서 웃음이 절로 난다. 그들은 시인의 직함을 가진 무당이거나 허영심으로 똘똘 뭉친 위선자일 확률이 높다. 그들 대부분은 엉터리 시인이다. 함량 미달 산문의 글을 시라고 우긴다. 일기문 혹은 자전의 글을 시라고 거품을 물기도 한다.

　한국 문단에 '주술적 영감설'을 옹호하는 자들이 제법 많다. 그들 중에는 문예창작학을 연구하고 지도해 온 대학 교수 출신 시인과 이론가도 있다. 간혹 그런 주장을 접할 때면 엉터리 시인, 얼치기 이론가임을 단박에 알 수 있다. 그들 가운데 플라톤이 '주술적 영감'을 옹호했다고 주장한 사례도 있다. 왜 플라톤이 '주술적 영감설'을 옹호했다고 주장할까? 아마도 어설픈 연구의 결과이거나 개인의 비뚤어진 신앙심을 합리화하려는 의도일 것이다. 특히 개신교 교인은 스스로 이단의 신앙심이라는 것을 깨닫지 못한다.

플라톤은 스승인 소크라테스의 주장을 이어받아 시인의 '주술적 영감'을 인정한 것은 맞다. 그러나 시인은 선량한 시민의 정신을 혼미하게 하는 자이므로 철인이 통치하는 국가에서 추방해야 할 존재라고 주장했다. 이것이 '시인 추방론'이다. '주술적 영감설'에 대한 옹호가 아니라 경멸이다.

폴 발레리(Paul Valéry, 1871~1945)는 "진정한 시인은 영감을 불러일으키는 사람이다."라며 의미심장한 말을 남겼다. 이는 '주술적 영감'을 단호하게 부정한 것이다. 여기서 '영감'은 인간 내부에서 촉발하는 '상상력'이라는 용어로 대체 가능하다. 시인은 내부 자율성의 의식으로 상상력을 불러일으켜 시를 창작하고, 시를 매개로 타인에게 상상력을 안겨 주는 사람이라는 의미이다. 분명한 것은 외부로부터 영감을 받아 시를 쓰는 사람이 아니다.

이를 인간 내면의 무의식과 의식 측면에서 달리 해석하면, 시 창작 행위는 무의식 작동이 아니라, 의식 작동이라는 의미이다. 시 창작의 근원인 상상력은 자율성의 의식이 뿜어내는 인격 표현, 즉 개성을 드러내는 힘이기도 하다. 창작자의 내부에서 일어나는 내면화의 힘이기도 하다.

시인이여, 대한민국 학제에서 정상적으로 수학하였다면 서두의 대화문 같은 헛소리는 하지 말자.

8.
문예 창작에서 영감설은 퇴물 이론

현시대는 상상력 시대이다. 아직 문예 창작의 근원을 영감설, 천재(영웅)설, 무의식설에서 찾는 문인이 의외로 많다. 특히 기독교(천주교, 개신교)를 믿는 문인 가운데 영감설을 고집하는 사례가 많다. 이런 비뚤어진 신앙심을 표출하는 문인을 흔하게 접할 수 있는 시대이다.

이들은 "나는 시를 쓸 때, 기도한다. 하나님께서 계시한 시를 그대로 받아 적는다."라며 영감을 주장한다. 얼토당토않은 신비주의 신앙을 표출한다. 무속인 흉내를 낸다. 독하게 말하면 교회 속 무당이다. 이런 주장을 하는 자들은 그게 진리라고 말한다.

이들은 자신이 성경 저술자보다 더 위대한 시인이라고 거들먹거린다. 주변 시인들에게 성경무오설(聖經無誤說)의 축자영감설(逐字靈感說)을 주장하듯 "내가 영감을 받아 창작한 시는 한 자도 오류가 없다."라며 거품을 물고 눈을 부라리며 시비를 건다.

때로는 전화를 걸어 영감을 주장하며 비이성적 논리로 합리화를 시도한다. 이를 옹호하지 않는 시인에게는 쌍스러운 말을 내뱉기도 한다. 이간질을 서슴지 않는다. 영감설은 오래전 문예 창작 이론에서 퇴물로 밀려났다. 이를 외면한 채 비뚤어진 종교관을 앞장세운다.

이들은 주변 다수의 문인에게 싸움닭처럼 수시로 공격한다. 신앙심도 인성도 꼬깃꼬깃 접힐 대로 접혀 치유 불가 상태이다. 이들이 속한 대한예수교장로회 통합 교단은 성경무오설은 인정하지만, 축자영감설은 받아들이지 않는다. 성경 기록의 축자영감설을 거부하는 교단이 허풍선이 시인의 열등감 방어 기제 작동을 허용할까? 허영심의 그림자가 표출한 교만한 심리 투사를 인정해 줄까?

 축자영감설이나 유기적 영감설을 인정하는 교단의 공통점은 성경 저술에 한정하여 인정한다. 예술 창작 행위는 하나님의 계시나 영감과는 무관하다. 이는 개별자의 인성(주체성, 자율성, 타자성, 지성, 성품 등) 영역이다. 믿음이 충만한 자의 창작 행위라도 하나님이 특별히 계시나 영감을 선물하지 않는다. 기독교는 기복(祈福)과 구복(求福) 신앙이 아니다. 복을 달라고 기도한다고 복을 주지 않는다. 이게 성경의 진리이다.

 창작 행위에 하나님의 영감을 주장하는 자들은 무속인이나 다름없다. 이들은 가짜 교인이라서 하나님 신성의 영역에 인간의 감정을 대입한 월권행위임을 자각하지 못한다. 이는 신성 침범 행위이다. 쉽게 말하면, 신성불가침의 영역에 도전하는 행위이다.

 하나님의 계시나 영감으로 쓴 시라면 성경의 무결점, 무오류처럼 영적 수준이 최상위여야 한다. 이들의 시를 읽어 보면, 오탈자가 수두룩하다. 이들은 한글 맞춤법, 문법도 모른다. 무식하니끼 이런 주장을 한다. 타인의 힘을 빌려 시인 행세한다.

 또한, 그들의 말이 맞는다면, 성경의 시편만큼 신앙적 감동과 예술성을 갖추어야 마땅하다. 그런데 습작에 불과하다. 하나님을 팔아먹는 가짜 믿음의 넋두리에 불과하다.

 문예 창작 이론 측면에서 이들의 주장을 수용할 수 있을까? 한마디로 '헛소리'이다. 두 마디로 말하면, '가짜 시인'이다. 이들이 속한 교단에서는 수용할 수 있을까? 수용하는 순간, 전지전능하신 하나님의 능력도 가짜임을 인정하는 꼴이다.

9.
우리말을 옥죄는 시

외래어 표기와 영문 표기 메뉴판이 대세인 시대이다. 정상일까?
K-팝의 영어 가사는 외국인에게 먹혔다. 접근성을 쉽게 하는 기능이 먹힌 것이다. 대중가요의 대중성이 세계화라는 목적과 결합하여 성공한 사례이다. 영어 가사 삽입을 반대하는 사람이 있다는 것을 들어 본 적이 없다. 우리 대중가요의 세계화를 위한 목적성에 동의하기 때문일 것이다.
한 편의 시에 외국어와 외래어가 판을 친다면 정상일까? 끔찍한 일이다. 우리말을 빛나게 해야 할 시에 외국어와 외래어가 판친다면, 그건 우리말을 옥죄고 말살하는 짓일 수 있다.
2024년 신춘문예 당선작 가운데 우리말을 옥죄는 외국어와 외래어가 버젓이 자리 잡은 것을 보고 눈을 의심했다. 당선자의 문제라기보다 심사한 자의 안목이 더 큰 문제인 듯하다. 시인의 책무가 우리말을 빛나게 하는 것이다. 우리말을 옥죄는 이런 시는 당연하게 함량 미달일 터인데 버젓이 당선작으로 새해 벽두에 신문을 장식했다. 얼굴이 화끈거렸다. 일제 강점기에도 지켜 낸 우리글 우리말을 이렇게 짓밟아도 괜찮은 일인가?
구체적인 시 읽기는 생략한다. 외래어를 장치한 사례만 나열해 본다. 먼저 제목에 장치한 사례를 읽어 본다. 당선 시에서 '펜치', 시조에 '휠

체어'와 '스마일 점퍼', 동시에 '빅뱅', '페이스 페인팅'이 등장했다. 외래어 '펜치'를 상징이나 비유의 방법으로 다른 시어로 대체하면 시가 아닐까? '휠체어'를 '바퀴 의자', '스마일 점퍼'를 '미소 짓는 높이뛰기 선수' 혹은 '웃음꽃 높이뛰기 선수'라고 하면 시조가 아닐까?

'빅뱅'을 '우주 탄생의 대폭발', '페이스 페인팅'을 '얼굴 그림'이라고 하면 동시가 아닐까?

한 편의 시 본문에 '컨베이어벨트', '레디메이드 툴', '로망', '밸런스게임', '셔츠', '펜치'가 등장했다. 특히 셔츠는 두 번이나 등장했다. 총 7번 등장했다. 군데군데 자리 잡고 우리말의 숨통을 옥죄었다. '컨베이어'는 우리말로 '전송대'와 '반송대'이다. 둘 다 《표준국어대사전》의 표제어이다.

한 편의 동시 본문에 '페달', '로켓', '블랙홀'이 등장한다. '페달'을 순화한 용어는 '발판'이다.(행정 용어 순화 편람, 1993년 2월 12일). '로켓'은 '우주 발사체' 혹은 '우주 추진체', '블랙홀'은 '중력장의 구멍' 혹은 '검은 구멍'이라고 표현하면 우리말이 더 빛날 것이다.

2024년 신춘문예 당선작을 읽어 보면, 외래어를 배제하려는 고투의 흔적이 전혀 없다. 시인의 시적 치열성이 의심스럽다. 우리 민족의 자긍심과 세종대왕에게 욕하는 행위이다. 이런 시가 당선작이라는 전에 많은 시인이 의아한 반응을 보였다. 심사한 자는 시적 가치와 의미, 메시지에 비중을 둔 듯하다. 우리말을 옥죈 글에 시라는 자격을 부여해도 무방할까?

시인의 책무를 망각하지 말자. 우리말을 빛나게 하는 데 앞장서자.

10.
우리말의 목을 비트는 행위는 중단하자

    2024년 신춘문예 운문(시, 시조, 동시) 부문 당선작의 특징 가운데 하나는 외국어와 외래어 남발이다. 우리말의 목을 비트는 행위에 대한 우려의 목소리를 아랑곳하지 않고 응모한 작품이 많은 듯하다.
    몇 년 전 신춘문예 심사평에서도 경계의 목소리를 읽을 수 있다. 2019년 '조선일보' 신춘문예 시 심사평의 일부를 읽어 본다.

> 시를 왜 써야 하는지 그 필연성마저 결여돼 사유의 얄팍함이 엿보인다. 시의 본문은 물론이고 제목에까지 외래어나 외국어를 남발하는 점은 그 필연성의 결핍에서 원인을 찾을 수 있으리라. (심사 위원: 문정희, 정호승 시인)

    산문 부문 심사평에서도 경계의 목소리를 읽을 수 있다. 2016년 '서울신문' 신춘문예 단편소설 심사평의 일부를 읽어 본다.

> 본심에 올라온 9편의 작품 가운데 단 한 편의 작품만을 제외하고는 제목이 모두 외국어(특히 영어)나 외래어로 된 것이었다. 외국어를 쓰면 안 된다거나 무조건 시류를 거부하는 게 좋다는 건 아니지만 소설의 입구이면서 문패와 같은 제목에서 외국어가 남발되면 작품의 정체성, 개성이 흐려질 염려가 있다. 쓸

이야기는 부족하고 반성 없는 발설의 충동만 느껴지는 작품은 공허하고 겉멋이 들어 보일 뿐이다. 정교하고 압축된 이야기와 강력한 구조, 경제적인 언어를 지향하는 단편소설에서는 공감대와 설득력을 구축하는 데 주력해야 할 것이다. (심사 위원: 최윤 서강대 교수, 성석제 소설가)

인용한 두 심사평의 핵심은 외국어와 외래어 남발에 대한 경계를 강조한 점이다. 당연한 심사평이다. 각종 문예지와 시집을 읽어 봐도, 21세기에 접어들어 시 제목과 본문에 외국어와 외래어를 채택하는 사례가 부쩍 늘어났다. 시단에서는 이를 우려하는 목소리도 있고, 시류에 편승해야 한다는 목소리도 존재한다. 전자는 모국어의 아름다움이 빛날 수 있게 언어 예술가의 역할을 다해야 한다는 올곧은 시인의 목소리이다. 후자는 시인의 책무와 시가 무엇인지조차 제대로 연구하지 않은 가짜 시인의 목소리이다.

2024년 신춘문예 운문 부문 여러 당선작의 제목과 본문에 외래어를 남발한 사례는 우려를 넘어 경각심을 가져야 할 수준이다. 사유의 치열성과 고투와는 거리가 먼 얄팍한 기교만으로 도전하여 운 좋게 당선한 사례라고 평가할 수 있다. 이를 뽑아 올린 심사 위원의 역량과 신문사의 권위마저 의심이 간다. 권위 있던 신춘문예마저 짜가 등용문으로 전락했다. 신춘문예의 권위도 몰락의 길로 접어든 신호이다.

일제 강점기 조선어 말살 정책이라는 삼엄한 시대에도 지켜 낸 우리말 우리글, 즉 모국어가 문학 작품에서조차 버림을 받기 시작한 것이다. 시단에서는 경종으로 받아들여야 할 시점이다. 권위 있는 신문과 심사 위원의 안목을 믿을 수 있는 시점이 아니다. 그 권위는 허울뿐이다. 그들이 선정한 당선작이 증거이다.

진짜 시인이라면 어둠 속으로 사라져 가는 우리말, 죽은 우리말(死語)을 찾아내어 빛을 보게 해야 한다. 새로운 시어를 만들어 내어 우리말을 더욱 빛나게 해야 한다. 이는 시인의 책무이다.
　우리말의 목을 비트는 행위는 중단함이 마땅하다.

11.
가짜 시인은 믿음도, 시도 짜가

– 가짜 목사와 사역자

천주교 교리에 사후 '연옥'이라는 공간 개념이 있다. 이를 이용해 교황이 면죄부(면벌부) 발행을 남발했다. 주목적은 성 베드로 대성당의 신축 비용 확보였지만, 다른 목적으로 전용도 했다. 이에 반기를 든 마르틴 루터가 비텐베르크 대학 교회의 정문에 면죄부 판매에 항의하여 '95개조 의견서'(1517. 10. 31.)를 붙였다. 연옥에 관해 1할 이상 언급했다. 그 대표적인 조를 읽어 본다.

22. 사실상 교황은 연옥에 있는 영혼에게 어떤 벌도 면제해 주지 못한다. 교회법에 따라 현생에서 벌을 받을 수밖에 없다.

27. 헌금 상자에 던져 넣은 돈이 짤랑 소리를 내자마자 영혼이 연옥에서 벗어난다는 설교는 단지 인간이 지어낸 이야기일 따름이다.

루터의 종교 개혁 이후 개신교회는 연옥의 실체를 인정하지 않는다. 아주 일부이긴 하나 한국의 개신교 목사와 사역자가 이를 인정한 사례를 소개한다.

사역자가 "음부가 연옥 아니에요?"라고 말했다.

필자는 "누가 그런 말을 했지요? 음부는 연옥이 아닙니다. 누가 그런 말을 하던가요?"라고 물었다.

"어떤 목사가 그러던데요."

"큰일을 일으킬 목사이군요."

대화 내용은 여러 시인이 목격한 가운데 수개월에 거쳐 3차례 반복한 문답이다. 진짜 큰일을 일으키고도 남을 목사의 말이다. 사역자의 아들이 목사이다. 목사의 실체를 밝히지 못한 이유이다. 대한예수교장로회 통합 교단에 속한 자들이다. 그 목사는 해당 교단의 지방 신학대학교 강사이기도 하다. 신학적 관점에서나 인문학적 관점에서나 매우 위험한 수준이다.

연옥의 근거를 시편 116편의 '음부'를 든 것이다. "사망의 줄이 나를 두르고 음부의 고통이 내게 미치므로 내가 환란과 슬픔을 만났을 때에, 내가 여호와의 이름으로 기도하기를 여호와여 주께 구하오니 내 영혼을 건지소서 하였도다."(시편 116 : 3-4)라는 내용이 연옥의 존재를 의미한다는 주장이다.

연옥의 존재를 믿는 천주교 성경을 읽어 본다. "죽음의 올가미가 나를 에우고 / 저승의 공포가 나를 덮쳐 / 나는 고난과 근심에 사로잡혔네. // 이에 나 주님을 받들어 불렀네. / "아, 주님 / 제 목숨을 살려 주소서"(가톨릭 성경의 시편 116 : 3-4). 이처럼 천주교에서조차 '음부'를 '저승'의 개념으로 본다. '연옥'과는 거리가 멀다. 정통 보수 개신교회에서는 '음부'를 '지옥'의 개념으로 본다.

이러함에도 목사나 사역자의 입에서 '연옥'을 주장한다. 정통 보수 교단의 서울 광나루 소재 신학대학교에서 배출한 성직자의 입에서 나온 말치고는 한심하기 짝이 없다. 그 한마디만으로도 이단이다. 그 교단의 정식 사역자라면 성경과 교리 문답을 통과했을 것이다. 어떻게 통과했는지 궁금하다.

그 목사는 직업으로 선택한 듯하고, 사역자는 입에서 나오는 대로 떠들면 믿음이라 착각하는 듯하다. 이를 증명하는 예를 든다. 사역자는 "나는 시를 쓸 때, 하나님의 계시를 받아 쓴다.", 혹은 "하나님으로부터 영감을 받아 쓴다."라고 늘 떠벌린다. 마치 사도 바울인 양, 성경 저자인 양 행세한다.

이들 주장처럼 하나님의 계시나 영감으로 쓴 시라면 성경처럼 무오류의 최고 수준이어야 한다. 그런데 한글 맞춤법부터 엉터리이다. 또한, 조각 예술에 대비해 보면, 적어도 미켈란젤로의 '피에타상'에 버금갈 감동과 예술성을 갖추어야 한다. 그런데 함량 미달의 자전 글을 시라고 우기는 수준이다. 자신의 열등감을 보상으로 바꾸는 차원에서 하나님의 능력과 권위를 내세우는 것이다. 이는 권위에의 호소 오류이다.

사역자의 말이 맞는다면, 자기가 믿는 창조주 하나님의 능력도 수준 이하라는 의미가 성립한다. 요즘 교회는 이런 함량 미달 교인과 성직자만 득실거리는 듯하다. 해당 교단에서는 종교 재판을 통해 이들을 파면시켜야 할 것이다. 박사 학위를 준 신학대학교에서는 학위를 취소함이 타당할 것이다.

12.
신앙 수필은 신앙 고백서
- 종교인도 가짜가 판치는 시대

　필자는 윤회 관련 동화를 쓴 적 있다. 개연성의 허구 이야기를 창작한 것이다. 종교인이 아니라서 자유롭게 창조적 상상력을 발휘해 보았다.
　만일 기독교인이 일기나 수필 등 자전 글에 "내가 다시 태어나면", "이런 연유로 예수님 말씀을 따른다.", "그런 인연으로 만났다."라고 표현한다면, 신앙심에 문제없을까?
　성직자나 교회 직분을 가진 문인의 글에서 이런 표현을 접할 때면 웃음이 절로 난다. 특히 종교 동인지에 수록한 신앙 수필에서 이런 표현을 접하면 가짜 교인임을 확연하게 알 수 있다. 신앙 수필은 신앙 고백의 글이다. 그들은 대화 중에도 대수롭지 않게 '윤회설'과 '연기설'을 옹호하듯 말한다. '윤회'(윤회설), '인연과 연유'(연기설)가 불교, 힌두교의 교리인 줄도 모른다. 예수의 부활을 인간의 다시 태어남, 거듭 태어남으로 착각한다. 예수의 말씀을 따르는 것이 '섭리'가 아닌 '인연'과 '연유'가 있기 때문이라고 믿는다.
　신앙심이 돈독한 기독교(천주교, 개신교)인은 '하나님의 섭리'를 믿는다. '인연'과 '연유'라는 말은 입 밖에도 꺼내지 않는다. 나아가 '믿음으로 영생을 얻을 것'이라는 확신에 찬 목소리를 낸다.

가짜 교인들은 인간관계를 '하나님의 섭리'와는 무관한 '인연'과 '연유'에 의한 '연기'라 믿는다. 또한, 인간의 '다시 태어남'이 기독교의 교리라고 여긴다. 모태 신앙인으로 70년을 넘긴 사람조차 '윤회', '인연', '연유'를 바탕으로 한 말을 서슴없이 내뱉는다. 심지어 가짜 교인들은 영혼이 나무나 돌에도 깃들고, 죽은 생물이 다시 살아날 수 있음을 표현한다. 물신숭배(애니미즘, 종교학의 페티시즘) 화소(話素)를 성경과 믿음의 말씀처럼 표현한다. 나아가 하나님 안에서의 무소유와 불교의 무소유를 동일시하는 표현도 한다. 한국 교회에는 가짜 교인이 많다는 증거이다.

믿음과 관련 없이 사업 목적상 혹은 인간관계 구축을 목적으로 출석하는 교인이 존재한다는 말이기도 하다. 가짜 교인은 빛과 소금의 역할을 다하지 못한다. 그들이 속한 단체에서는 대부분 나쁜 인간으로 통한다. 온갖 골통 짓을 다 한다. 결국, 그들은 '예수쟁이들!'이라는 손가락질의 빌미를 제공한다. 그로 인해 돈독한 신자들마저 도매금 취급을 받는다.

반대로 불교인이 윤회 바퀴 자체를 부정한다면 문제가 없을까? 불교는 자기 깨달음의 종교라서 크게 문제 삼을 일은 아니다. 신 중심의 기독교와는 달리 인간 중심의 종교라서 사유의 폭이 넓다.

종교의 자유를 보장하는 우리나라에서는 종교의 다양성을 존중한다. 이런 까닭에 개종하는 경우가 허다하다. 분명한 것은 한국 교회의 교인이 많이 줄었다. 출석 교인 가운데 가짜 교인의 목소리가 높은 시대이다. 한국 교회에 걸린 십자가의 표상은 온전한가?

한국 불교에도 가짜가 존재한다. 아주 소수이긴 하나 산사에서 도박판을 벌이고, 술도 마신단다. 심야에 유흥가 고급 술집에서 불과하게 한잔한단다. 대웅전에 인자하게 앉은 부처의 표상은 온전한가?

종교인들이여, 한 번쯤 깊이 생각해 보면 좋겠다. 특히 기독교인의 신앙 수필이라면 적어도 교리에 입각한 표현과 논리를 전개해야 할 것이다. 불교와 힌두교의 교리를 기독교의 교리인 양 표현하지 말아야 한다. 종교계에서는 신앙 수필을 '신앙 고백서'로 인정한다. 이미 발표한 신앙 고백서는 수정도 할 수 없다. 그 자체가 신앙 고백의 기록임을 명심하자.

13.
신앙 수필의 신념화 표현

　신앙 수필에서 '신념화'는 매우 중요하다. '신념화'를 통해 수필가의 신앙심의 의지와 확신을 고백한다. 종교 동인지에서 신앙 수필을 중시한다. 진실의 독백 언어로 신앙심을 고백한다. 신앙 수필은 신앙 고백서이다.
　기독교인은 "하나님이 천지를 창조하셨다. 예수의 부활을 믿는다."라고 표현한다. 이는 '창조 신앙'(창조론)과 '부활 신앙'에 관해 확신하는 종교적 신념 표현이다. '창조 신앙'과 '부활 신앙'은 기독교인이 아닌 사람에게는 창조설과 부활설에 불과하다. 하지만 신앙 고백서에 기독교인만의 종교적 신념 표현은 당연하다. 종교적 믿음을 바탕으로 한 신념에 차 기독교인에겐 합리적인 신념이다.
　'창조 신앙'과 '부활 신앙'은 기독교인의 종교적 신념 측면에서는 합리적 신념이다. 그러나 과학주의, 이성주의, 합리주의 등 인류 보편적 인식 측면에서 보면, 비합리적인 신념일 수 있다. 분명한 것은 현생 인류의 3할은 기독교인이다. 교리에 합당하다면 합리적인 신념일 것이다.
　그런데 기독교인이 "인간은 진화를 거듭해 왔다. 예수가 부활하듯 나도 부활할 것이다."라고 표현한다면, 비종교적 신념의 표현이다. 즉, 비뚤어진 신념이다. 기독교 믿음의 출발이 구약의 '창조 신앙'이다. 진화론 자체를 거부한다. '부활 신앙'은 예수 그리스도가 인성(전인적 인간, 유기체적 인간)에서 신성으로 승천한 신약 믿음의 출발이다. 예수 그리스도의 부활은 가능하다. 인간에겐 부활이 있을 수 없다.

　세계 역사에서 비합리적 종교적, 정치적, 사상적 신념에 찬 지도자가 나타나면 인류의 심각한 갈등과 대학살이 일어났다. 즉, 이들은 테러와 전쟁을 일으켰다. 비합리적인 신념은 비뚤어진 신념이다. 위험하다. 합리적 신념은 인류의 평화에 긍정적으로 작용한다. 신념은 개별자의 심리 상태와 밀접한 관련이 있다.

　건강한 인간은 합리적인 신념화에 몰입한다. 즉, 진짜(참) 신념화를 추구한다. 독단적이고 아집에 찬 인간은 비뚤어질 대로 비뚤어진 비합리적인 신념화에 몰입한다. 즉, 가짜(거짓) 신념화를 추구한다. 현재 지구 곳곳의 테러와 전쟁의 중심에 종교적, 정치적, 사상적 비합리적 신념에 찬 지도자들이 위치한다. 우리는 거짓 신념화, 비합리적인 신념화를 경계해야 한다.

　수필가가 신앙 수필을 쓸 때 자기가 믿는 교리에 합당한 진짜 신념화, 합리적인 신념화 표현에 고투해야 할 것이다. '독백 언어'를 중심으로 '논리성'에 무게를 두고, 진솔하게 자기반성(회개)을 투영한 표현과 더불어 신념화 표현을 자유자재로 할 수 있어야 한다.

14.
신앙 수필의 표현 기법

신앙 수필을 쓸 때 수필가는 전면에 나서 신앙심을 직접 이야기한다. 화자인 일인칭 '나'는 수필가 자신이다. 독백의 언어로, 진실의 언어로, 논리의 언어로 표현한다. 자기반성(회개)의 문장으로, 신념화의 문장으로 표현한다. 수필 개념과 표현 기법의 기초부터 다시 살펴봐야 할 것이다.

'수필'이란 무엇인가? "일정한 형식을 따르지 않고 인생이나 자연 또는 일상생활에서의 느낌이나 체험을 생각나는 대로 쓴 산문 형식의 글"(《표준국어대사전》)이다. 여기서 핵심은 "인생이나 자연 또는 일상생활에서의 느낌이나 체험을 생각나는 대로 쓴 산문"이다. 즉, 방점은 '느낌'과 '체험'이다. 특히 '느낌'과 '체험'은 '허구'가 아니라는 의미이다. 사실의 글, 진실의 글이라는 의미이다. 수필에서 '신념화'는 '느낌'과 '체험' 모두 밀접한 관련이 있다.

'느낌'이란 "몸의 감각이나 마음으로 깨달아 아는 기운이나 감정"(《표준국어대사전》)이다. "깨달아 아는" 것이 핵심 방점이다. 또한, '체험'이란 "자기가 몸소 겪음. 또는 그런 경험."(《표준국어대사전》)이다. '몸소 겪음'과 '경험'이 핵심 방점이다.

이를 기초로 수필을 다시 정의해 보면, 수필이란 "일정한 형식을 따르지 않고 인생이나 자연 또는 일상생활에서의 몸의 감각이나 마음으로 깨달아 아는 기운이나 감정을, 자기가 몸소 겪은 경험을, 생각나는 대로 쓴 산문 형식의 글"이다.

　수필의 표현 기법에서 '이상화', '형상화', '이념화'가 매우 중요하다. 신앙 수필에서는 신념화를 추가하여 중요하게 다루어야 한다. '이상화'는 재생적 상상력의 산물이다. '형상화', '이념화', '신념화'는 상상력의 산물이 아니라 이성적 사유의 산물이다. '형상화'는 형상적 사유의 산물, 즉 직관적 사유의 산물이다. '이념화'와 '신념화'는 순수 이성적 사유의 산물이다.

　사전적 의미로 '신념'이란 "굳게 믿는 마음."이다. 신앙 수필에서는 '신념'을 표현한다. 즉 '신념화'한다. '신념화'를 통해 종교적 신념을 고백한다. 신념화는 주관적 표현이다. 주관적 표현이지만, 진짜 신념화는 객관화를 향한 표현을 한다. 종교적인 지식을 조금이라도 안다면, '진짜(참) 신념화'의 표현인지, '가짜(거짓) 신념화'의 표현인지 판단할 수 있다. 수필가가 믿는 종교의 교리에 합당한 진짜 신념화 표현에는 돈독한 종교적 신념이 드러난다. 교리와 거리가 먼 가짜 신념화 표현에서는 글쓴이의 아집, 이단성, 무지가 드러난다. 가짜 신념화로 쓴 수필은 가짜 신앙심을 스스로 표현하는 것이다.

　신앙 수필을 쓸 때 신앙 고백서를 쓴다는 자세를 견지해야 한다. 진짜 신념화의 표현으로 객관화하려고 노력해야 한다. 가짜 신념화 표현은 후회할 일만 만들어 낼 것이다.

에필로그

시집의 용도

　노년층 시인 몇몇이 어울려 "냄비 받침대 하나 얻었다."라며 수다를 떤다. 창작 시집을 선물 받은 뒤, 냄비 받침대 용도로 사용한다는 의미이다.
　시집의 용도는 다양하다. 가장 중요한 용도는 읽기이다. 즉, 읽기용이다. 장식용, 소장용도 있다. 요즘은 냄비 받침대 용도로 사용한단다. 시인들도 선물로 받은 타인의 시집을 냄비 받침대로 사용한단다. 시집의 수준이 함량 미달이면 이렇게 천대한단다. 이런 천대받는 시집을 출간한 시인이 이를 인지한다면 기분이 어떨까?
　한국에는 비정상적으로 시인이 많다. 대부분 시인은 출간한 시집을 지인들에게 선물로 배포한다. 사서 읽는 책이 아니라 얻어 읽는 책으로 전락한 지 오래다.
　작년(2023)에 힌 시인에게서 헌 시집과 문예지를 몇 권 얻었다. 표지에 라면 조각이 붉게 눌어붙어 있었다. 국물 자국과 함께 짓눌러 납작했다. 다른 시집엔 자장면 조각이 검게 눌어붙어 있었다. 자장 양념과 면 조각이 미라로 굳어 납작했다. 시집에서 라면이나 자장면 미라를 발굴할 수 있는 시대이다. 탄소 연대 측정이 필요 없다. 판권에 연도가 명확하게 드러나 누구나 알 수 있다.
　그 시인의 집에 있던 시집이다. 범인은 뻔하다. 그 시인과 식구들의 짓이다. 그 시인의 집에 들어간 다른 시인의 시집이 이런 대우를 받는 시대이다. 자기도 시인이면서 다른 시인의 시집을 읽지 않고 외면하다 못해 학대하고 천대한다.

시인의 집에 있던 시집 표지가 이 정도면, 일반인의 집에 있는 시집은 더할 것이다. 냄비 받침대 전용이면 그나마 다행이다. 온갖 뜨거운 음식의 받침대로 사용한 흔적, 여러 개의 전화번호가 불규칙적으로 삐뚤빼뚤 적힌 상처투성이 시집을 간혹 접한다.

시집 속의 활자들은 뜨거워 발버둥 친다. 뛰쳐나가고 싶어도 박제된 신세라서 견뎌 내야만 한다. 활자를 안락하게 감싸고 품어 안은 여린 표지는 핏자국(김칫국물), 멍 자국(자장 양념)투성이이다. 심지어 살갗에 화상 자국이 많다. 시집의 파란만장한 삶을 엿볼 때 욕이 불쑥 튀어나올 것만 같다.

시를 사랑하는 사람이 많으면 좋겠다. 시집을 읽기용으로만 사용하면 더 좋겠다. 시인이여, 시집을 읽으면서 라면도 먹고 자장면도 먹자. 시집의 여린 살갗에 뜨거운 냄비를 놓지 말자!

곰삭은 시 톺아 읽기와 솎아 읽기
— 신기용 제10평론집

발행일 2025년 5월 5일 초판 1쇄 발행
지은이 신기용
펴낸이 신기용
펴낸곳 도서출판 **이바구**
 부산광역시 부산진구 동성로 143(전포동, 신우빌딩) 2022호
 T.010-6844-7957
등 록 제329-2020-000006호

ⓒ 신기용 2025   ISBN 979-11-91570-90-8 (03800)
정가 22,000원

※ 이 책의 저작권법에 따라 보호받는 저작물이므로 무단 전재와 복제를 금합니다.